LA NOUVELLE LÉGISLATION

Sur la Répression des

Fraudes dans la Vente des Marchandises

et des

Falsifications des Denrées Alimentaires

et des Produits Agricoles

ERRATA

Page 17, dernière ligne, *lire* : la législation existant sur la répression des fraudes, *au lieu de* : la législation existante sur, etc.

Page 37, ligne 12, *lire* : quiconque aura trompé, *au lieu de* : quiconque aura tromper.

Page 81, ligne 2, *lire*: Ces diverses explications etc., *au lieu de* : ces diverses applications.

Page 82, ligne 17, *lire* : Il ne faut donc aucune équivoque, *au lieu de* i! ne faut donc aucun équivoque,

Page 153, ligne 6, *lire* : loi du 1ᵉʳ août 1905, *au lieu de* : loi du 5 août 1905.

Page 183, ligne 4, *lire* : Afin d'assurer le fonctionnement de celle-ci, *au lieu de* : le fonctionnement de celles-ci.

Page 186, ligne 13, *lire* : de la loi du 1ᵉʳ août 1905 et des lois qu'elle a maintenues, *au lieu de* : qu'elle a maintenu.

Page 255, ligne 12, *lire* : A la suite des démarches dont nous parlons page 253, note 3, ce délai a été augmenté de trois mois, *au lieu de* : à la suite des démarches dont nous parlons page 253, note 1, ce délai a été augmenté de deux mois.

Même page, ligne 15, *lire* : à l'expiration de ces six mois, *au lieu de* : ces cinq mois.

LA
NOUVELLE LÉGISLATION

SUR LA RÉPRESSION DES

FRAUDES DANS LA VENTE DES MARCHANDISES

ET DES

FALSIFICATIONS DES DENRÉES ALIMENTAIRES
ET DES PRODUITS AGRICOLES

—

> « La liberté du commerce n'est pas une faculté
> accordée aux commerçants de faire ce qu'ils
> veulent ; ce serait bien plutôt sa servitude... »
> (MONTESQUIEU, *Esprit des Lois*,, L. 20, ch. 12)

—

PAR

VALENTIN RICHARD

Docteur en Droit
Lauréat de l'Université d'Aix-Marseille
Avocat à la Cour d'Appel d'Aix

———〜〜〜———

LIBRAIRIE
DE LA SOCIÉTÉ DU RECUEIL J.-B. SIREY ET DU JOURNAL DU PALAIS
Ancienne Maison L. LAROSE & FORCEL
22, rue Soufflot, PARIS, 5e Arrdt
L. LAROSE & L. TENIN, Directeurs

—

1908

LIBRAIRIE DE LA COUR D'APPEL
A. DRAGON. — Place des Prêcheurs, 1 et 3, AIX-EN-PROVENCE

INTRODUCTION

La promulgation de la loi du 1er Août 1905 « *sur la
Répression des fraudes, dans la vente des marchandises, et des falsifications des denrées alimentaires
et des produits agricoles* » a été cause d'un grand
émoi dans le monde commercial.

Aux dires des adversaires de cette loi, les règles
trop étroites, dans lesquelles elle enserrait les transactions, ne pourraient qu'entraîner la ruine du commerce.
On a parlé d'un retour à la sévère réglementation de
l'ancien régime des maîtrises et des jurandes. On y a
vu, tout au moins, une grave atteinte au principe de
la liberté du commerce, etc.

Emoi nullement justifié, ont affirmé les partisans de
la loi, car la liberté du commerce ne consiste pas à laisser libre cours à certains abus, qui discréditent les
transactions d'une manière générale, au grand détriment des commerçants honnêtes. Du reste, ont-ils
ajouté, la présente loi ne reproduit que des dispositions
antérieurement en vigueur, tout en les précisant et en
les adaptant aux mœurs et aux usages nouveaux que
le commerce a vu naître avec le progrès.

Quoiqu'il en soit des dires des uns et des autres, nous pensons que seule une étude approfondie des termes de la loi, un examen sérieux des principes dont elle découle, une délimitation exacte des délits qu'elle prévoit, pourra en faire apprécier la juste valeur, et faire connaître à ceux qui doivent s'y conformer, la véritable portée de ses prescriptions.

C'est le but que nous nous proposons dans cet ouvrage qui comprendra quatre parties : 1° Considérations générales sur la fraude ; 2° Etude de la loi du 1er Août 1905 ; 3° Procédure pour l'application de la loi du 1er Août 1905 ; 4° Réglementation spéciale à certaines denrées.

PREMIÈRE PARTIE

Considérations générales

CHAPITRE PREMIER

La Fraude. Ses effets économiques et sociaux.

SECTION I

La fraude et son développement

La fraude, dont le champ d'action ne connaît plus de limite, et qui s'étend à tout, est certainement repréhensible et méprisable quel que soit l'objet sur lequel elle porte, car, dit un jurisconsulte éminent : « Elle obéit à une pensée méchante que rien ne saurait justifier ou faire admettre, n'ayant d'autre but que de s'enrichir au détriment d'autrui. » (1)

(1) Bédarride J. *Traité du dol et de la fraude*, T. II, p. 203.

Qu'elle s'opère, en effet, par des tromperies dans la vente des marchandises ou par la falsification de celles-ci, la fraude n'est autre chose qu'un dérivé du vol. Par la tromperie, le fraudeur se livre sur sa marchandise à des manœuvres qui en changent l'aspect, en dissimulent la réalité, ou en altèrent la nature au point de la rendre parfois impropre à l'usage auquel elle est destinée. La pratique des parquets a révélé une infinité de stratagèmes délictueux, au moyen desquels l'acheteur est induit en erreur tantôt sur la qualité de l'objet livré, tantôt sur sa valeur, son poids, son volume, sa dimension etc., et qui tous sont une source de profit illégitime pour celui qui les emploie. Quant aux falsifications, elles fournissent des procédés innombrables pour s'enrichir au dépens d'autrui.

Bien que la fraude s'exerce sur toute sorte d'objets, on doit reconnaître, cependant, que les denrées alimentaires lui fournissent le terrain principal de ses opérations, surtout depuis quelques années. Aussi le législateur, tout en réprimant la fraude d'une manière générale quelqu'en soit l'objet, a-t-il insisté plus spécialement sur cette espèce particulière.

Et il a fait en cela œuvre saine et utile, car s'il est une fraude qui mérite la réprobation générale, et que le législateur doit réprimer avec énergie, c'est, à n'en point douter, celle qui s'exerce sur les aliments.

L'alimentation est, en effet, un besoin primordial pour l'homme ; nul ne saurait s'y soustraire, et, telle fraude que l'acheteur aura la faculté d'éviter, en écartant de son choix telle marchandise d'utilité secondaire, devra être subie, lorsqu'elle portera sur une denrée, dont le consommateur se verra contraint de se munir par la force même des lois naturelles.

Sans doute, la variété infinie des denrées alimentaires semble devoir apporter un remède à cet état de chose ; mais il faudrait compter pour cela sans l'ingéniosité et l'esprit inventif du fraudeur, d'autant plus en éveil, qu'il obéit à un désir de lucre, et qu'il s'agit pour lui de réaliser de beaux bénéfices.

La civilisation semble en outre se complaire à lui faciliter ses opérations. Et il y aurait lieu de se demander, ainsi que le faisait M. Mougeot (1), si les découvertes scientifiques ne sont pas comme la langue d'Esope, et si ce n'est pas ce qu'il y a de mieux ou ce qu'il y a de pire au monde. « Elles servent, en effet, souvent à frauder, ou à aider les fraudeurs à exercer leur commerce délictueux. Au fur et à mesure qu'elles surgissent l'esprit industrieux de ceux-ci s'en empare et le mal s'étend. »

Soyons moins injustes pour la civilisation, et disons plutôt que le fraudeur sait à merveille mettre à profit, pour développer son trafic éhonté, les procédés qu'elle révèle dans un but plus intéressant et plus noble.

(1) *J. off*. 18 nov. 1904, p. 2489.

« En même temps, disait M. Méline dans son rapport au Sénat (1), que la technologie agricole faisait des progrès pour perfectionner les procédés de nos industriels et pour améliorer la qualité de leurs produits, l'esprit inventif des fraudeurs découvrait parallèlement le moyen de réaliser de nouveaux bénéfices par des voies illicites ; ici c'étaient des huiles de végétaux exotiques dont on tirait parti par d'habiles mélanges pour contrefaire nos fines huiles d'olive ; ailleurs on substituait à une partie du miel et de la cire de nos abeilles des produits présentant le même aspect, et tirés du règne minéral ou végétal ; ailleurs la poudre de corozo servait à falsifier les farines ; les viandes frigorifiées venaient se vendre comme viandes fraîches ; les semences étaient altérées de mille façons différentes sans que le praticien put s'y reconnaître ».

M. Méline était loin de signaler ainsi, les fraudes les plus répréhensibles, et il est facile de se rendre compte que les sophistications n'ont plus de borne.

Le pain, tout d'abord, l'aliment par excellence a été qualifié plaisamment, mais avec quelque justesse de « véritable musée chimique » (2), soit qu'on le blanchisse avec de l'ozone, soit qu'on le mélange à des féverolles et à des vesces, soit qu'on en additionne la pâte avec de l'alun, du carbonate de magnésie, du carbo-

____

(1) *J. off.* doc. Sénat 1898, p. 406.
(2) Lois nouvelles, 15 nov. 1907, art. de M. Popineau.

nate d'amoniaque pour le faire gonfler. Certaines analyses y ont révélé la présence du vitriol, ou encore de sciure de bois et d'ivoire végétal pour en effectuer le fleurage. On se rappelle aussi les récents scandales soulevés par la pratique, découverte chez certains minotiers, de mélanger le talc à la farine.

Dans la charcuterie on constate la substitution à la chapelure de pain, de sciure de bois colorée par des dérivés de l'acajou ; la falsification des saucisses et saucissons par l'empois d'amidon.

Le chocolat est peut-être la marchandise qui se prête le plus à la sophistication. Certains fabricants font entrer dans la composition de leurs chocolats une proportion considérable de farine ; d'autres, moins consciencieux et peu soucieux de la santé des consommateurs, ne craignent pas d'employer des farines avariées, de la dextrine, de l'amidon, de la farine de pois, de haricots, de fèves, et jusqu'à de l'ocre rouge pour le colorer.

La pâtisserie contient des crèmes que l'on cherche à conserver par l'addition d'antiseptiques. Certaines brioches renferment du chromate de plomb, les fruits confits de l'acide benzoïque.

On sophistique le beurre à l'aide de margarine, de beurre de cacao ou végétaline, quand on n'y introduit pas de la craie, du carbonate ou de l'acétate de plomb.

Dans la fabrication du vinaigre on emploie des acides

minéraux, notamment de l'acide sulfurique et des mèches soufrées (1).

Quant au lait, on lui fait subir, avant d'arriver chez le consommateur, des préparations éhontées. Passons sous silence l'écremage et l'addition d'eau, qui lui enlèvent une partie de sa valeur nutritive, pour ne signaler que le borax, le bi-carbonate de soude et l'aldéhyde formique, que l'on y ajoute pour le conserver et éviter les pertes que son altération pourrait entraîner.

Si nous passons maintenant aux boissons nous y retrouvons la falsification sous toutes ses formes. On signale l'emploi constant de glucose, d'acide salycilique et de colorants dans les sirops et les liqueurs. M. Cazeneuve citait aussi à la chambre (2), la fabrication de kirchs artificiels avec de l'eau et du laurier-cerise, qui renferme une certaine quantité d'acide prussique.

La bière est parfois fabriquée sans houblon ni malt ; on les remplace par de l'acide picrique, de la dextrine et autres substances amères, et de glucose. Les cidres sont falsifiés avec de l'acide salicylique, de la saccharine, de la houille, etc.

(1) Un arrêt de la cour de Douai condamne un fraudeur, qu[i] fabriquait son vinaigre avec de la mélasse, du jus de betterave, en y ajoutant de l'acide sulfurique pour lui donner de la force et aussi retarder le développement de la putréfaction qui ne tarde pas à se manifester dans ces produits impurs.

(2) *J. off.* 9 décembre 1904, p. 2937).

A de nombreuses reprises, les représentants des régions viticoles ont protesté à la tribune du Parlement contre la sophistication des vins (1). Elle a atteint, en effet, dans ce domaine, un développement que l'on ne rencontre nulle part ailleurs « depuis la falsification élémentaire, par le mouillage, la simple addition d'eau, favorisée par l'emploi de l'extrait sec liquide, jusqu'à la formule supérieure du vin sans vendange et sans raisin, en passant par les falsifications les plus variées et les plus savantes (2). »

Les œnologistes ne se gênent nullement pour adresser à leurs clients des prospectus confidentiels indiquant le moyen de fabriquer un hectolitre de vin avec un litre d'extrait sec Point n'est besoin de dire que dans la composition de ces vins il ne rentre pas ou presque pas de raisin, ce qui permet de le vendre à un prix défiant toute concurrence (3). Point n'est besoin d'ajou-

---

(1) Voir rapport sur la loi du 14 août 1889, M. Griffe. *J. off*. du 23 décembre 1888, annexes p. 432 ; Rapport sur la loi du 11 juillet 1891, *J. off*. 16 septembre 1891, annexes p. 196 ; rapport sur la loi du 6 avril 1897, M. de Verninac, *J. off*. 4 fév. 1897, p. 393, etc.

(2) M. Al. Sarraut, ch. des députés, *J. off*. du 17 décembre 1904, p. 3093.

(3) Il résulte du *Bulletin de statistique de législation comparée* publiée en mars 1904 par l'administration des contributions indirectes que dans la banlieue de Paris pour 955 000 habitants la consommation de vin s'est élevée à 3 387.000 hectolitres, soit 354 litres par tête. Dans l'intérieur de Paris, pour une population de

ter aussi qu'ils constituent la plus abominable mixture qui tue l'homme en même temps que la raison.

Ce sont, du reste, là, d'une manière générale les résultats de toutes les fraudes provoquées par la soif des gains excessifs, et favorisées par la concurrence de plus en plus acharnée qui a amené la baisse des prix : elles compromettent le commerce honnête à l'intérieur, et nos relations à l'extérieur, parce qu'il n'est pas possible de lutter contre l'avilissement des prix qui en est la conséquence. Elles nuisent ainsi à la fois aux producteurs et aux consommateurs, et aux intérêts généraux du pays.

SECTION II

Effets sociaux et économiques.

§ I. — *Préjudice au producteur et au consommateur.*

Le producteur est le premier sur lequel les effets néfastes de la fraude se font sentir. Comme le disait fort éloquemment M. Lasies : « Le paysan français est

2.700.000 habitants la consommation taxée s'est élevée à 5.013.000 hectolitres soit par tête 185 litres seulement. La différence entre 185 litres moyenne par tête d'habitant pour Paris et 354 litres moyenne par tête d'habitant dans la banlieue peut servir de base pour le calcul de la quantité de vin fabriqué dans l'intérieur de Paris (*Eod. loc.* p. 3097).

penché toute l'année sur son sillon ; il travaille, il attend douze mois le produit de la récolte et quand il la recueille, on sait au prix de quelles peines et de quels sacrifices, il ne peut pas la vendre. Pourquoi ? Parce que, il y a à côté de lui quelqu'un qui, lui, ne se fatigue pas, c'est le fraudeur et le falsificateur.

« Dans un laboratoire quelconque, il fait la falsification des produits (matières premières ou autres) si péniblement acquis par les travailleurs, et, au moment de la vente il jette dans le commerce des quantités innombrables d'imitations. Comme il les vend toujours meilleur marché que le produit naturel ; c'est la ruine pour le producteur, car de deux choses l'une, ou le produit naturel ne se vend pas, ou on est obligé de le vendre à vil prix ».

On peut, pour quitter les généralités, prendre comme type le beurre et le vin :

A la suite de la découverte de la margarine, et grâce à la facilité avec laquelle ce produit permettait la falsification du beurre, le prix de celui-ci baissa de 25 0/0, et on estime à 45 millions la perte annuelle supportée de ce chef par les industries laitières (1).

Pour les vins : des maisons de la banlieue de Paris offrent des vins rouges « parfaits de goûts, de couleu et de limpidité », au prix de 10 francs 50 l'hectolitre

______

(1) Ch. Robé. *De la falsification des denrées alimentaires*, .p. 21.

franco de port et de droits, rendus à domicile. Or il est impossible de livrer à Paris à ce prix des vins originaires du midi ou d'une autre région viticole, car les frais divers supportés par chaque hectolitre expédié, sans compter le prix d'achat, s'élèvent au moins à cette somme là.

Ne vendant plus ou vendant à perte, il devient impossible, au producteur de couvrir ses frais généraux et les expropriations sévissent avec intensité, entraînant pour comble d'infortune, une diminution de la valeur de la terre. C'est ainsi que dans certaines contrées l'hectare de terre qui valait autrefois 1.500, 1.800 et 2.000 francs ne se vend plus, devant le Tribunal, que 200 à 250 francs.

C'est la ruine complète pour le producteur (1), qui se voit contraint à chercher ailleurs, dans la grande ville de quoi pouvoir gagner son pain.

Mais là encore, la plupart du temps, la fraude ne le tient pas pour quitte, à titre de consommateur cette fois, elle lui fera éprouver de nouveaux préjudices. Elle s'attaque d'abord à son salaire en diminuant la valeur intrinsèque qu'il est en droit d'attendre de la marchandise qu'il achète, et qui ne sera qu'un objet, dont les appa-

____

(1) Il serait superflu d'insister sur les troubles que peut entraîner dans tout un pays, de pareils désastres. On a encore présent à la mémoire les tristes évènements qui sévirent en juin 1907 dans le Midi de la France.

rences seules auront quelque analogie avec celui demandé ; elle s'attaque aussi à sa santé, en lui faisant absorber des subtances qui n'ont aucune valeur nutritive quand elles ne nuisent pas à son organisme.

Il ne retrouve plus le bon lait crémeux de la ferme, son vin parfumé et réconfortant, ses viandes fraîches et saines. Bien souvent, il doit se nourrir de charcuterie où l'empois d'amidon prend non seulement la place des matières azotées contenues dans la viande, mais permet d'incorporer dans ces préparations, une quantité d'eau qui peut atteindre 50 0/0 au lieu de 20 à 25 0/0 qui est la proportion normale. Cette falsification a non seulement pour but de nuire à la conservation des aliments, mais de diminuer considérablement la valeur alimentaire de ces préparations culinaires (1).

Ce n'est là qu'un exemple. Le vin, le lait, le beurre, le pain, etc , sont, comme nous l'avons vu plus haut, ignoblement frelatés, et la santé du consommateur, n'est jamais désintéressée de ces questions. « Si le breuvage altéré n'est pas malfaisant d'une manière actuelle et positive, il est nuisible d'une manière négative, en ce que le mélange dérobe à la boisson une partie de l'effet réparateur, que promettaient son nom et son prix » (2). Lorsque l'ouvrier cherche à ranimer ses

(1) Rapport sur le budget du laboratoire municipal de Paris par M. Colly.

(2) M. Riché, Rapport sur la loi de 1851.

forces après son travail, la fraude a appauvri le vin qu'elle lui offre, quand il veut égayer son repos, dès longtemps on a remarqué que la falsification des vins était complice de plus d'une ivresse (1).

Si l'alcoolisme fait des progrès si constants, les falsifications, y contribuent puissamment, et les alcools impurs additionnés d'essences artificielles en ont produit les plus pernicieuses manifestations.

« Quand un homme, a dit le docteur Brouardel, a pris le matin, à son premier déjeuner, un lait conservé par de l'aldéhyde formique, quand il a mangé à son déjeuner une tranche de jambon conservé par du borax, des épinards verdis par des sulfures, quand il a arrosé cela d'une demi bouteille de vin fuschiné ou platré à l'excés et cela pendant vingt ans, comment voulez-vous que cet homme ait encore un estomac ?»

Cet affaiblissement de l'organisme, résultat immédiat de la sophistication des produits absorbés, le consommateur ne sera pas le seul a le supporter, il se fera sentir jusque dans sa descendance. Et nous en arrivons ainsi à apprécier à quel point se touchent la question de la falsification et celle de la dépopulation :« On parle dit le docteur Michon, de la faiblesse relative de la génération actuelle comparée aux générations qui l'ont précédée ; je me demande quand je vois toutes ces fraudes qui s'exercent sur les substances alimentaires,

(1) PLUTARQUE. *Propos de table*, liv. 4, question 1.

si ce n'est pas là le principal facteur de cet affaiblissement » (1).

Signalons, en terminant sur ce point, les effets terrifiants produits par le lait falsifié. Une statistique de l'état-civil de Paris (1899) accusait une mortalité de 18.610 enfants de moins d'un an décédés des suites de diarrhée infantile. Si l'on considère qu'à Paris, comme dans la plupart de grandes villes, on est obligé d'employer l'allaitement artificiel, parce que, malheureusement la plupart des femmes d'ouvriers sont obligées d'aller travailler pour ajouter l'appoint de leur maigre salaire aux ressources du ménage, on peut conclure que c'est en grande partie à la falsification du lait qu'est due la mort de ces enfants.

Du reste le docteur Bordas déclarait, dans un rapport que 40.000 enfants succombaient annuellement en France par le fait de la falsification du lait.

Ce sont là des conséquences effrayantes qui à elles seules légitimeraient une sévère intervention du législateur.

§ II. — *Préjudice aux intérêts généraux du pays.*

Toutes les fraudes, toutes les falsifications, si elles nuisent au producteur et au consommateur, n'en ont

(1) Economiste français.

pas moins de graves conséquences pour les intérêts généraux du pays où elles sévissent.

La mise en circulation dans le commerce de produits falsifiés, les tromperies, dont un grand nombre de substances et de marchandises sont l'objet, donnent naissance aux effets les plus fâcheux auprès de l'acheteur comme chez les commerçants honnêtes.

Le premier perd la confiance, que ne devrait cesser de lui inspirer son vendeur. « Il a le droit formel, de recevoir de ce dernier l'article qu'il demande et non un produit qui n'en aura que les apparences. Dans les rapports entre l'acheteur et le vendeur, la falsification fait naître la défiance, qui devient la règle, la bonne foi restant l'exception » (1).

Les commerçants honnêtes eux, obligés de vendre les produits naturels à leur juste valeur, succombent devant la concurrence déloyale que leur font les prix bas des produits succédanés ou falsifiés, ou des objets et marchandises truquées. D'autrefois, et le mal est pire alors, plutôt que de se laisser acculer à la faillite, ils se laissent aller, eux aussi, à commettre la fraude. « Il arrive fréquemment, faisait remarquer M. Albert Sarraut, que des commerçants voyant à côté d'eux des négociants similaires se livrer à la fraude et n'être pas inquiétés, il arrive que des commerçants ayant à sauvegarder l'existence de leur famille et de leurs enfants,

(1) Ch. ROBÉ, *op. cit.*, p. 19.

se laissent aller peu à peu à imiter certains procédés de négoce peu scrupuleux ; et il se produit ainsi dans une même personne une sorte de dédoublement dans lequel l'improbité du commerçant croit pouvoir coexister avec la probité personnelle de l'individu (1) ».

M. Riché avait déjà révélé cette morale fâcheuse, qui, disait-il, « prétendait réserver l'honneur de l'homme à côté de la défaillance de la conscience du marchand ».

De la sorte toutes les marchandises comme les substances alimentaires, les boissons, les produits agricoles se trouvent poussés dans une voie préjudiciable à tous. Aussi une loi qui réprime la fraude doit-elle en même temps qu'elle protège les acheteurs et les consommateurs, être considérée comme la meilleure garantie qui puisse être donnée au commerce honnête contre la concurrence déloyale.

Mais les troubles causés par les falsifications ne s'arrêtent pas au marché intérieur du pays, ils s'étendent aussi au commerce extérieur.

Depuis longtemps on a signalé le préjudice considérable porté à l'écoulement de nos produits nationaux, par les déloyautés qui parfois déshonorent et compromettent l'exportation d'ouvrages de nos manufactures,

---

(1) Chambre des députés, séance du 17 nov. 1904. *J. Off.*, 18 nov. 1904, p. 2294.

ou des denrées dûes à notre sol, depuis nos tissus jusqu'à nos vins.

En 1838, on constatait à la tribune de l'Assemblée
nationale que des pays étrangers avaient préféré des
vins espagnols ou portugais aux vins de France, parce
qu'il s'était trouvé chez nous « des personnes qui
avaient trop mis d'eau dans leur vin » (1).

M. Richard Cobden, qui proclamait que les Français
fabriquent aussi bien que les Anglais, ajoutait : « mais
ils ne savent pas vendre, car ils ne sont pas assez habiles pour être constamment loyaux dans la qualité ou
les dimensions des marchandises qu'ils exportent ».

Les résultats sont plus surprenants encore si nous
quittons les généralités : A la suite, par exemple, des
fraudes commises dans la falsification du beurre, on a
vu, en quelques années, notre exportation de ce produit
décroître profondément et tomber de 25 millions à 8 millions.

Le temps n'est pas encore lointain où on voyait écrit
sur les boutiques de Londres : « Ici on ne vend pas de
beurre normand ». — « Ici on ne vend pas de beurre
français. »

Une des grandes causes de la décadence de notre
commerce de draps avec le Levant si florissant autrefois, est dû, d'après M Riché, à ce que la probité indus-

---

(1) Rapport de M. Riché.

trielle des Français est devenue suspecte à la droite des Turcs.

SECTION III

Nécessité d'enrayer la fraude (1)

Tels sont les résultats de la fraude. On comprendra aisément, qu'un gouvernement soucieux des intérêts du pays dont il conduit les destinées se fasse un devoir d'y mettre bon ordre.

De tout temps, du reste, on s'est élevé contre les fraudeurs et on a essayé d'en endiguer les méfaits.

Aujourd'hui on s'attache dans tous les pays à modifier ou à renforcer la législation existante sur la répres-

---

(1) Ici devrait prendre place l'étude d'une question de pure *Economie politique*, à savoir : l'initiative individuelle laissée à elle-même peut-elle suffire à la protection sociale contre la fraude, ou doit-on l'attendre de l'intervention de l'Etat ? Nous ne traiterons pas cette question qui nous paraît sortir du cadre que nous nous sommes tracé. Nous ne ferons que signaler les deux théories qui sont en lutte à ce sujet. L'une la *théorie individualiste*, préconise l'inutilité de l'intervention de l'Etat, l'autre, la *théorie eclectique*, voit le seul remède dans l'intervention répressive et présentive de l'Etat. Les législations de presque tous les pays civilisés nous feraient conclure en faveur de cette dernière.

sion des fraudes, parce que partout on considère qu'il y a là une œuvre de prévoyauce sociale au premier chef.

Nous avons pu constater en France que la loi élaborée en 1905 par nos législateurs, correspondait à un besoin impérieux. Le projet en avait été déposé sur les réclamations instantes, non seulement des producteurs, mais des consommateurs (1). Et comme ce dernier tardait a être adopté , on a vu se constituer une ligue pour la

(1) Vœu émis par la Société des agriculteurs de France dans sa séance du 7 mars 1904 sur le rapport de M. Granier.

« La Société des Agriculteurs de France.

« Considérant que l'addition de farines étrangères à la farine de blé modifie la qualité nutritive de cette farine et porte une grave atteinte aux droits des consommateurs et aux intérêts des producteurs de blé.

Considérant qu'il en est de même de l'addition des matières étrangères aux produits destinés à l'alimentation du bétail :

Emet le vœu :

Que les lois existantes sur la répression de la fraude soient rigoureusement appliquées et que le projet de loi sur la répression des falsifications des denrées agricoles déjà voté par le Sénat et actuellement soumis à la Chambre des députés soit mis à l'ordre du jour aussi promptement que possible ». (Vœu émis par la Société des agriculteurs de France à sa séance du 7 mars 1904 sur le rapport de M. Granier.)

Vœu de la Société Scientifique d'hygiène alimentaire et de l'alimentation rationnelle de l'homme, présidée par l'éminent M. Brouardel :

« Considérant qu'il importe d'assurer l'efficacité de la répression des falsifications tout en respectant les principes d'équité qui doivent présider à l'application des décisions judiciaires, la Société émet le vœu que le législateur assimile la répression des

défense de la vie humaine, sous la présidence de M. Cruppi, ligue, qui voyant que le législateur ne protégeait pas suffisamment ses intérêts, s'est proposé de se défendre elle-même.

Nous verrons par la suite, comment notre Parlement a répondu au désir du pays ; mais il nous paraît utile, auparavant, d'examiner quelle solution on a successivement donnée à cette question des fraudes, quelle en a été l'évolution historique.

---

fraudes et falsifications des denrées alimentaires à la répression des fraudes fiscales, et par conséquent que la mise en vente et l'entreposition ou détention même de bonne foi, des produits alimentaires falsifiés, non marchands par suite de leur altération ou contenant des produits étrangers à leur composition, inutiles à l'alimentation et non spécialement autorisés par le Comité consultatif d'hygiène de France puisse être punie d'une amende à l'exclusion de toutes autres peines même considérées comme accessoires et notamment de l'inscription au casier judiciaire.»

CHAPITRE II

Evolution historique

La question des fraudes pour pleine d'actualité qu'elle soit, n'en est pas moins des plus anciennes, et si on lui cherchait une origine on n'en trouverait, sans doute, pas d'autre que celle du commerce.

Dans l'antiquité, sans remonter aux textes bibliques, qui donnaient des prescriptions très sévères réglementant l'alimentation (1), on trouve cet esprit de fraude chez les Carthaginois dont la mauvaise foi était proverbiale, « fides punica » comme disaient les Romains.

En Grèce, Plutarque se plaint qu'on introduit dans les vins du plâtre et de l'eau salée (2).

Pline constate la falsification des vins par des mélanges de vins pourris ou de qualités inférieures ; d'autre fois, ajoute-t-il, les vins sont fabriqués de toute pièce avec un mélange de raifort, de sariette, de graine

---

(1) Bible. Lévitique ch. XI. Voir aussi Ste Bible. T XII. Ecclésiastique II° partie (Paris 1821).

(2) Plutarque, *Propos de table*, L. IV. Question I.

d'ache, et colorés avec des baies de myrthe sauvage, etc. Il signale en Gaule Narbonnaise, dans les environs de Béziers, la falsification des vins avec des herbes et des ingrédients malfaisants, dont on altère le goût et la couleur avec de l'aloés (1).

Plaute révèle l'addition de myrthe et de toute sorte d'aromates dans le vin (2).

Virgile enfin nous apprend que l'huile d'olive était déjà falsifiée :

Nec casiâ liquidi corrompitur usus olivi.

(Geor. II vers 466).

Aussi toutes les législations ont-elles commencé de bonne heure à s'occuper de la répression de ces fraudes. Notre ancien droit ne resta pas en retard sur ce point et imposa des prescriptions très sévères en ce sens (3). Les statuts des corporations dont la profession

---

(1) *Histoire naturelle.* L. XIV ch 8. « De reliquis in Narbonensi, quoniam officiniam ejus rei facere tingentes, fumo, utinamque non et herbis, ac medicaminibus noxiis ! Quippe etiam aloen mercantur, qua saporem coloremque alterant. »

(2) *Le Perse* XII, 49. *Pseudolus* acte II, scène 4.

(3) Les falsifications et en général toutes les tromperies étaient rangées en France dans la classe des faux, c'est ce qui explique l'extrême sévérité avec laquelle elles étaient réprimées : « J'ai vu, dit Leprestre, exécuter à mort un serrurier, pour avoir fait une fausse clef sur une empreinte de cire, qui lui avait été apportée par un valet. » (*Question de droit*, p. 513.)

D'après Mornac, à la suite d'une condamnation rendue contre

avait pour objet le commerce des denrées, des boissons
et des médicaments sont entrées relativement aux falsifications dans des détails, qui prouvent à quel point,
on avait le souci de réprimer les désordres économiques et sociaux que provoquent les fraudes.

Nous n'entreprendrons pas, cependant, l'étude des
mesures, prises par ces différentes législations pour leur

un voiturier pour avoir fraudé du vin, il fut déclaré par le Premier
président : que désormais les voituriers qui tomberaient dans le
même cas seraient punis de la potence (Muyard de Vouglans.
Lois criminelles de France T. 5 p. 276).

« Bien qu'on soit fondé à croire que l'excessive sévérité des
peines édictées sous l'influence de cette théorie erronée, a du
faire reculer presque toujours devant la nécessité de leur application, il existe cependant, on regrette de le dire, des exemples de
condamnation à mort ou au bannissement infligées pour des
infractions qui sont tombées plus tard au rang de contraventions. » (*Journal des Aud.* T. 7).

À côté de ces cas de répression trop énergiques, on en rencontre d'autres où l'on usait d'une tolérance excessive ; car les
gardes des communautés chargés de la recherche de ces infractions, se montraient parfois peu empressés à dévoiler le secret
des falsifications qui pouvaient procurer des bénéfices à tous les
membres de la corporation, et dont la répression ne pouvait, du
reste que jeter dans le public une méfiance nuisible à la considération de la communauté. (*Million. Traité des fraudes en matière
de marchandises*, p. 4 et s.).

Rabelais qui assitait à ce développement de plus en plus grand
de la fraude à mesure que la répression grandissait, s'indignait
de la complicité des maîtres et gardes des communautés, qu'il
traitait « d'âme de Lucifer. » (Livre IV. ch. 56).

répression. Si l'on considère en effet, combien peu de ressemblance existe entre les mœurs et les usages actuels et ceux d'autrefois, si l'on tient compte surtout de la manière dont se faisaient les transactions à ces époques où la liberté du commerce était inconnue, on reconnaîtra que l'étude des lois qui régissaient alors les différentes populations n'a ici aucune utilité. L'important pour nous est de suivre la législation sur les fraudes, depuis l'époque où le commerce a commencé à s'exercer dans des conditions à peu près identiques à celles d'aujourd'hui, c'est-à-dire depuis le jour où le mouvement révolutionnaire, bouleversant l'ancienne législation proclama la liberté industrielle et commerciale. Nous verrons alors comment notre législation s'est adapté à la conception nouvelle des transactions commerciales, et comment d'élémentaire et d'insuffisante qu'elle était au début, elle en est arrivée, par degrés successifs, à la règlementation actuelle, qui se trouve en si parfait accord avec le principe affirmé par la jeune école, et avec la tendance de plus en plus préventive du droit moderne.

Le décret des 19-22 juillet 1791 fut le premier de l'ère nouvelle qui règlementa cette matière. Il réprimait l'exposition en vente des comestibles gâtés, corrompus ou nuisibles, ainsi que la vente des médicaments gâtés ; il punissait le délit de vente de boissons falsifiées par mixtions nuisibles, et celui de tromperie sur les articles d'orfèvrerie.

Ce décret ne fut reproduit qu'en partie par le Code de Brumaire an IV (des délits et des peines), qui punissait dans son article 605 des peines de simple polices : 5° ceux qui exposent en vente des comestibles gâtés, corrompus ou nuisibles (1).

Cette législation était insuffisante ; c'est ainsi que sous son empire, on dut reconnaître qu'un fait constituant tout à la fois une falsification d'une substance alimentaire, et une tromperie soit sur la nature, soit sur la quantité de la marchandise, ne pouvait être réprimé que comme contravention de mise en vente d'un comestible gâté (2).

Le Code pénal de 1810 compléta celui de l'an IV. Il avait, pour objet de réprimer les fraudes commises au préjudice des consommateurs ; mais cette répression, qu'il prévoyait dans ses articles 318, 423, 475, 476 et 477, n'était pas suffisante. Bien des fraudes échappaient à ses prescriptions. L'article 423 ne punissait, en effet, de peine correctionnelle, le fait d'avoir trompé sur la quantité des choses vendues, qu'autant que la fraude, avait eu lieu au moyen de faux poids et de fausses mesures, mais pas par des manœuvres frauduleuses pratiquées par le vendeur. Le même article 423 punissait bien aussi celui qui avait trompé l'acheteur sur le titre des matières d'or ou d'argent, sur la qua-

(1) Voir *Lois codifiées*, p. 239.
(2) *Répertoire* Merlin. vol. V. Section I, § 13.

lité d'une pierre fausse vendue pour fine, sur la nature
enfin de toutes marchandises, mais il ne punissait pas
celui qui avait trompé l'acheteur sur la qualité des marchandises. Il punissait bien encore la substitution
d'une substance à une autre, mais il ne punissait pas la
falsification de la substance vendue. Enfin la vente et
le débit des boissons falsifiées donnaient lieu seulement
à une peine de simple police contre le vendeur ou le
débitant (art. 475, 6·) ; cette peine ne pouvait être correctionnelle que si les boissons falsifiées contenaient
des mixtures nuisibles à la santé (art. 318). Il devait
inévitablement en résulter que des sophistications de
tout genre affectaient principalement les objets les plus
nécessaires à la consommation dont le commerce est
plus usuel et plus répandu, et cela avec d'autant plus
d'avidité que la répression était plus bénigne.

Ces dispositions, bien que constituant un progrès,
sur les lois antérieures, étaient donc encore impuis-
santes et incomplètes ; et les tribunaux éprouvaient les
plus grandes difficultés à opposer une barrière assez
puissante au développement de la fraude.

C'est alors que fut votée la loi du 27 mars 1851,
complétée par la loi du 5 mai 1855 pour « la répression
plus efficace de certaines fraudes dans la vente des
marchandises. » Ces deux lois essayèrent de corriger
la plupart des contradictions du Code pénal, et appor-
tèrent quelques moyens utiles pour arrêter les abus.
Elles punissaient tout à la fois, l'auteur, le détenteur et

le vendeur de produits falsifiés et les rendaient passibles de peines correctionnelles, qui puisaient une aggravation dans le fait de nocuité de l'altération.

Mais malgré ces rigueurs, qui menaçaient aussi les falsifications de denrées alimentaires et de boissons, le nombre des fraudes ne fit que s'accroître. Les nouvelles lois ne prévoyaient pas encore tous les genres de tromperie, et les pénalités qu'elles prescrivaient et en particulier le calcul des amendes était si défectueux qu'on ne pouvait en obtenir aucun résultat utile. De plus aucune de leurs dispositions n'apportait un remède aux difficultés d'application que leurs termes trop restreints occasionnaient dans certains cas particuliers. Et bientôt on reconnut la nécessité de lois spéciales, relativement à chacune des denrées plus particulièrement susceptibles d'être falsifiées.

De cette nouvelle conception sont nées : pour les beurres, les lois du 14 mars 1887, puis du 16 avril 1897 ; pour les vins celles du 14 août 1889, 11 juillet 1891, 24 juillet 1894, 6 août 1897, 29 juin et 15 juillet 1907 ; la loi du 30 mars 1902 sur la saccharine ; la loi du 25 avril 1895 sur la vente des sérums thérapeutiques ; enfin la loi du 11 juillet 1906 sur la vente de certaines conserves.

CHAPITRE III

Economie de la loi du 1ᵉʳ août 1905
Insuffisance des lois antérieures. Nécessité d'une loi
édictant des principes généraux. Impossibilité
de prévoir toutes les fraudes dans une seule
loi. Les règlements d'administration publique.

Peu à peu les procédés de falsification se sont étendus à toutes sortes de marchandises. La législation en vigueur devenait insuffisante, comme le témoignaient les plaintes qui s'élevaient de toute part.

Chaque jour, révélait des fraudes nouvelles sur les produits que les textes ne prévoyaient pas encore. On demandait pour chaque cas particulier une loi spéciale ; une loi spéciale semblait en effet, indispensable par suite de la nécessité de l'emploi, pour chaque espèce, de termes techniques appropriés et ne permettant aucune équivoque dans la constatation des fraudes et des falsifications (1). On demandait notamment une réglementation particulière pour les huiles, les miels, les saindoux, les chicorées, les semences, etc.

(1) Voir Robé, *loc. cit.*

Le législateur s'était ému de toutes ces réclamations ; d'autre part il se rendait compte des difficultés et des longueurs qu'entraine l'élaboration d'une loi spéciale à chaque denrée, pour les avoir éprouvées lors des lois sur les beurres et sur les vins. Et en présence de la législation en vigueur, touffue et sans homogénéité, faite hâtivement et sans méthode sous la pression des évènements et des réclamations instantes des intéressés, il a considéré qu'il valait mieux s'arrêter au système de la loi belge du 4 août 1894 (1) préconisé par les congrès internationaux de l'agriculture de Paris, La Haye, Bruxelles, et qui consiste à poser des principes généraux en matière de tromperies et de falsifications, et à établir des prescriptions essentielles applicables à tous les cas prévus ou éventuels. Ce fut l'objet de la loi du 1er août 1905.

Il fallait en même temps, comme l'avaient fait les lois spéciales, prendre les mesures pour prévenir les fraudes, en empêcher les occasions, et surveiller les commerces dangereux. Or, si dans l'élaboration et la discussion des lois spéciales, il avait été facile, en tout cas moins périlleux, de donner des définitions et de tenter de tracer des limites au champ dans lequel les pour-

---

(1) Cette loi a obtenu en Belgique des résultats très satisfaisants. Les statistiques démontrent que dans les deux années qui ont suivi la promulgation de la dite loi le pourcentage des échantillons reconnus mauvais parmi ceux qui ont été prélevés est tombé de 30 à 10 0/0. (Cité *J. off.* 18 nov 1904, p 2487).

suites du juge pouvaient évoluer, il en était tout autrement pour la nouvelle loi où il s'agissait de faire la codi-
fication de toute la législation sur les fraudes, et où il
aurait fallu en même temps, pour ne pas rendre ces
prescriptions illusoires, les approprier à chaque sorte
de denrées. On a pensé que des décrets auraient seuls
assez de souplesse pour organiser les moyens propres à
surveiller et à prévenir la fraude dans ses modes les
plus divers (1).

Ces décrets ou règlements d'administration publique ont, en effet, l'avantage d'être plus rapides que
les lois spéciales que l'on met plusieurs années à voter
et qui arrivent à l'endroit où se commet la fraude pour
y apporter « le secours légendaire des carabiniers
d'Offenbach. » (2) Ils permettront à l'avenir de ne plus
recourir à des mesures législatives particulières chaque
fois que les progrès de la falsification révèleront la

(1) « La fraude est diverse et la falsification ingénieuse, elle
substitue avec art à des produits vrais, des produits altérés. A
chaque instant une altération nouvelle, une fraude nouvelle, remplace une fraude ancienne qui a été dévoilée. Il est donc très difficile de préciser dans un texte de loi quelle fraude est à réprimer
et à prévenir ; mais il est très possible, sinon dans une loi, du
moins dans un règlement d'administration publique s'ajoutant à
la loi, de donner des indications qui permettent aux juges de déterminer quand il y a fraude. » (Ed. Vaillant, Ch. Dép. 1re séance
du 16 nov. 1904. J. off. du 17 p. 2486).

(2) M. Sarraut, Ch. Dép. 1re séance, 17 nov. 19 4. *J. off.* du
18 p. 2487)

nécessité d'une intervention des pouvoirs publics, pour protéger contre la fraude une catégorie de denrées non encore réglementées.

On se rappelle l'activité que déploie le fraudeur pour tourner la loi au moyen des découvertes scientifiques (1). Ainsi, entre le dépôt du projet de loi tendant à réprimer la sophistication des beurres, et le moment où ce projet vint en discussion devant la commission de l'agriculture, c'est-à-dire, dans l'espace de trois semaines, les fraudeurs avaient devancé le législateur, et avaient imaginé une fraude qui n'était pas prévue dans le projet de loi, et qui dût être sanctionnée par la commission (2). Il faut donc que le gouvernement possède des moyens extrêmement rapides pour marcher aussi vite que les fraudeurs, et agir ainsi efficacement contre eux. Les règlements d'administration publique répondent admirablement à cette nécessité.

Mais quelle que soit leur utilité, et les services que seuls ils sont capables de rendre, l'emploi des règlements d'administration publique dans la question qui nous intéresse, n'en a pas moins eu à subir de nombreuses attaques au cours de la discussion de la présente loi.

On leur reprochait surtout de laisser le pouvoir exécutif légiférer, foulant ainsi aux pieds le principe de la

(1) Voir ci-dessus Chap. Ier.
(2) Ch. Dép. 1re séance du 17 nov. 1904, *J. off.* du 18, p. 2489.

séparation des pouvoirs, et de donner libre cours à l'arbitraire de l'administration.

Sans doute un décret présente moins de garantie qu'une loi ; mais il ne faut cependant pas confondre un règlement d'administration publique, qui constitue comme une législation secondaire autorisant dans une certaine mesure le pouvoir exécutif à légiférer (1) avec le décret rendu en la forme de règlement d'administration publique, qui au contraire, est étroitement renfermé dans les cadres de la loi dont il vise seulement à assurer l'application dans certains cas déterminés, et qui seul nous intéresse ici.

Du reste, en admettant qu'il donne libre cours à l'arbitraire de l'administration ne reste-t-il pas de nombreux recours à tous les intéressés ? recours pour excés de pouvoir, et recours par voie contentieuse.

Il résulte en outre des débats (2), et c'est une nouvelle garantie contre cet arbitraire, que pour l'élaboration de ces règlements d'administration publique le ministre doit s'entourer de tous les avis soit de savants,

---

(1) Ces règlements ne sont susceptibles d'aucun recours. La jurisprudence du Conseil d'Etat reconnaît tout au plus au juge le pouvoir de ne pas tenir compte des dispositions qui excéderaient la délégation qui leur est faite par la loi. Voir Laferrière, *Traité de la juridiction administrative*, 2me éd. T. II, p. 9. — Esmein, *de la délégation du pouvoir législatif. Revue politique et parlementaire* août 1894.

(2) *J. off* des 17 et 23 fév. 1905.

soit de négociants, qu'il jugera utile, des chambres syndicales des associations agricoles, etc. C'est pour lui laisser toute latitude à ce sujet qu'on a supprimé dans la loi le texte du projet : « rendu suivant le cas après avis des comités consultatifs ou techniques compétents. »

Enfin il est permis d'être complètement rassuré, après la déclaration que fit au sujet de ces règlements à la Chambre des députés, M. Mougeot, alors ministre de l'agriculture qui défendait le projet : « J'ajoute que si après avoir fait de notre mieux, le Conseil d'Etat entendu, il nous est démontré qu'il y a erreur, qu'il y a vice dans la conception à laquelle nous nous serions arrêtés, nous serions les premiers, en présence d'observations justes et fondées, à proposer nous même de reporter le décret qui aurait été rendu. » (1)

Ce n'est, d'ailleurs, pas la première fois qu'on se sert en France de ce genre de règlementation. Précisément en matière de fraude, lors de la loi sur les beurres, le législateur avait conféré au gouvernement le pouvoir de faire ces règlements d'administration publique (2).

On en trouve aussi de nombreux exemples dans les législations étrangères. On a laissé le soin au pouvoir

______

(1) *J. off.* du 17 nov. 1904, p. 2489. Les règlements d'administration publique peuvent toujours être rapportés ou rétractés par l'autorité qui les a faits et par un acte dressé en la même forme (Hauriou. *Droit administratif* 4ᵉ édit. p. 115).

(2) Voir loi du 16 avril 1897 sur les beurres, art. 22.

exécutif en Belgique à l'aide d'ordonnances royales, en Allemagne à l'aide d'ordonnances impériales de faire tout ce qui serait nécessaire pour l'application de la loi sur les fraudes. L'Autriche et le Danemark ont suivi une méthode analogue.

Il n'y a donc rien, dans cette prescription, d'anormal et d'insolite.

La loi du 1er août 1905, nous apparaît donc, maintenant, comme une consécration du droit commun. Son but a été de préciser les termes, et de développer le champ trop restreint de la loi du 27 mars 1851 et de l'article 423 du Code pénal.

Loin d'abroger les lois spéciales (1), qui lui sont antérieures, elle les confirme ou plutôt les laisse subsister à côté d'elle, se contentant de substituer les pénalités et les dispositions qu'elle prescrit, à celles prévues par les deux textes précités, dans tous les cas où ces lois spéciales renvoient à ces derniers ; elles jouent donc dès aujourd'hui le rôle que sont destinés à remplir les règlements d'administration publique.

Que vaudra cette loi (2) ? quels résultats pouvons-

---

(1) Voir exposé des motifs du projet. *J. off.* doc. parl. Sénat 98, numéro 278, etc.

(2) Il résulte des déclarations du ministre de l'agriculture et du président de la commission du Sénat, que la présente loi devra être insérée dans le chapitre 1er. Titre 3 du Code rural.

nous en attendre ? L'avenir seul nous l'apprendra. Quant à nous, nous ne pouvons que dire avec M. Lasies qu'elle constitue un réel progrès dans notre législation car « c'est une loi économique, presque une loi sociale, en tout cas une loi de probité publique. » (1).

(1) *J. off.*, 11 nov. 1904, p. 2355.

DEUXIÈME PARTIE

Etude de la Loi du 1er Août 1905

CHAPITRE PREMIER

La Tromperie (1)

SECTION I

Le délit de tromperie.

---

§ I. — *Éléments essentiels du délit.*

La tromperie rentre dans la catégorie des délits pé
naux. A ce titre, par application des principes du droit
commun en matière pénale, elle doit pour être punissable, être constituée de deux éléments d'ordre général : une *intention frauduleuse* et un *fait matériel.*

(1) L'article 1er de la loi du 1er août 1905 : « Quiconque aura
trompé ou tenté de tromper le contractant : soit sur la nature,

L'intention, est la connaissance qu'a l'auteur de l'infraction, du fait délictueux. C'est l'élément qui distingue nettement le délit civil, du délit pénal. Le premier n'a d'existence que par le dommage qui est le résultat de l'activité humaine. Les pires intentions qui n'ont pas abouti, fussent-elles réalisées autant qu'elles ont pu l'être, restent étrangères à la loi civile (1). Mais le dommage causé appelle son intervention efficace ; on prétend ignorer ce que l'agent a voulu pour rechercher seulement ce qu'il a fait.

« Le droit pénal, dit M. Garraud, se place à un point de vue opposé ; ce n'est pas le résultat, le dommage, qui constitue le délit pénal, c'est la volonté et les mobiles qui ont fait agir le malfaiteur dans l'œuvre qu'il a

---

les qualités substantielles, la composition et la teneur en principes utiles de toutes marchandises ; soit sur leur espèce ou leur origine lorsque d'après la convention, ou les usages, la désignation de l'espèce ou de l'origine faussement attribuée aux marchandises devra être considérée comme la cause principale de la vente ; soit sur la quantité des choses livrées ou sur leur identité par la livraison d'une marchandise autre que la chose déterminée qui a fait l'objet du contrat : sera puni de l'emprisonnement pendant trois mois au moins, un an au plus et d'une amende de cent francs (100 fr.) au moins, de cinq mille francs (5.000 fr.) au plus, ou de l'une de ces deux peines seulement.

(1) En droit civil l'application des articles 1382 et s. tend même de plus en plus à se dégager de l'appréciation subjective de la négligence ou de l'imprudence de l'agent, pour y substituer l'idée de risque et faire de l'obligation de réparer le dommage, la rançon même de l'activité humaine. (Voir sur ce point, BÉDARRIDE, *Du délit de la fraude*, t. II, p. 200).

entreprise ; c'est, qu'en effet, le délinquant est redou-
table, au regard de la Société, non pas précisément par
ce qu'il a fait, mais par ce qu'il a voulu faire. L'intention a donc un rôle décisif dans la constitution du délit
pénal » (1). Plus loin, il ajoute : « C'est l'intention qui
fait le délit, car l'intention se confond alors avec la volonté et la volonté est une condition générale de la cul-
pabilité » (2).

Il y a donc lieu de s'étonner, qu'à la Chambre, un
certain nombre de députés aient cru devoir tant insister
pour faire ajouter au texte de loi (article 1er). «Quiconque aura tromper ou tenté de tromper... » le mot
« sciemment ». Comme le faisait justement remarquer
le rapporteur : il s'agit d'une loi pénale, qui qualifie
délits les faits visés par son texte, or, nous venons de
le voir, c'est un axiome en droit que le délit n'existe
pas sans l'intention délictueuse (3) Du reste il n'y a

______

(1) *Traité de droit pénal*, t. V, p. 126 à 278. — *Adde*, Planiol,
Rev. crit. 1893, p. 545, 649.

(2) Sur l'intention délictueuse, voir : LE SELLYER, *De l'intention en matière pénale. (La France judiciaire*, t. 1e, p. 111). I A-
BORDE, *De l'élément moral dans les infractions non intention-
nelles. (Rev. crit.* 1882, p. 256 à 268). — FURI, *Sociologie criminelle*, p. 364. — ALIMENA, *I limiti e i modificatori dell' Imputa-
bilita*, 1894-99, t. I, chap. IV, p. 493.

(3) « Pour qu'une condamnation puisse intervenir, en vertu
de la loi dont nous proposons l'adoption, il faudra dans tous les
cas, que la mauvaise foi du prévenu soit établie ». Rap. de
M. Tranvy, Ch. dép , *J. off.*, doc. parl. 1899, p. 1578).

qu'à s'en référer aux textes nombreux de notre Code pénal qui punissent les crimes et délits sans que le mot « sciemment » ou « sauront » y aient été introduits.

Il reste donc bien établi, et c'est là une garantie pour les producteurs et les commerçants honnêtes, que le délinquant ne sera puni qu'autant qu'il sera de mauvaise foi.

Mais à qui incombera la preuve ? Sera-ce au prévenu à prouver sa bonne foi, ou aux parquets à établir la mauvaise foi de ce dernier ? Ici encore, on doit appliquer les principes du droit commun. Il est de droit étroit en matière pénale que l'intention délictueuse et la mauvaise foi, soient caractérisées, précisées et même dé-terminées par le tribunal qui juge. « Les parquets auront, à examiner avant toute poursuite, non seule-ment la matérialité des faits, rentrant dans les diverses catégories de délits prévus par la loi, mais aussi la question de savoir si celui auquel on les reproche a été de bonne ou de mauvaise foi. Il en est de même pour les particuliers qui poursuivraient directement sans passer p'r l'intermédiaire du parquet » (1).

Le jugement devra donc, en cas de condamnation, constater la mauvaise foi du prévenu, sinon en terme exprès, du moins, comme l'admet la jurisprudence de façon l'impliquant nécessairement (2).

____

(1) Ch. dép. 1re séance du 1er décembre 1904, *J. off*. du 2, p. 2797.

(2) Cass. 13 déc. 1884. *Bull. crim.* n° 339 ; — 5 juil. 1901, D. 1905-1-87. — 9 mai 1908, *Gaz. Pal.*, 19 mai 1908.

Comme conséquence de ce que nous venons de dire, il n'y aurait pas tromperie de la part d'un vendeur faisant connaître à l'acheteur ce qu'est réellement la marchandise qu'il lui livre Par contre, il deviendrait complice du délit que pourrait commettre l'acquéreur avec cette marchandise, mais seulement au cas où il aurait connu lui-même sa destination éventuelle.

Il ne faut pas oublier non plus, qu'en matière pénale, le doute doit toujours profiter à l'accusé, et qu'il est nécessaire qu'il ne subsiste aucune équivoque et qu'aucune confusion à ce sujet ne soit possible.

Le deuxième élément constitutif du délit est l'existence d'un fait matériel. Ce sera, par exemple, le fait de livrer à un acquéreur un produit de provenance différente de celle qu'il avait demandée.

Il ne faudrait pas confondre ce fait matériel avec les manœuvres frauduleuses qui peuvent s'exercer sur la chose elle même, en la modifiant, la dénaturant, la présentant sous un aspect qui en dissimule la réalité, etc... La tromperie est punissable en vertu de l'article 1er, indépendamment de toutes manœuvres de ce genre. On verra plus tard que ces dernières peuvent donner lieu à l'application, suivant les cas soit de l'article 2 de la présente loi. qui considère ce fait comme une circonstance aggravante du délit de tromperie (1), soit de l'article 405 du Code pénal pour escroquerie.

(1) Voir ci-dessous Section III.

Est-il nécessaire enfin, comme on l'a prétendu (1) d'admettre un troisième élément constitutif du délit de trómperie : l'existence d'un préjudice ?

Il paraîtrait, au contraire, que ce dernier soit inutile, et que son absence ne soit pas suffisante à faire disparaître le délit. Et cela précisément, à cause de la différence qui existe entre le délit pénal et le délit civil.

« C'est l'intention, avons nous dit, qui fait le délit pénal »: celui-ci existe par cela seul que le fait prévu par la loi a été commis ou tenté, sans qu'il soit nécessaire de prouver qu'il a eu des résultats dommageables : « l'existence du préjudice est seulement à considérer surtout au point de vue des conséquences du fait imputé puisque le délit pénal préjudiciable donne naissance à une action civile, tendant à l'obtention de dommages-intérêts distincts de l'action publique, tendant à l'application d'une peine » (2).

Quoiqu'il en soit cependant, la jurisprudence se montre unanime à exiger un préjudice si petit soit-il pour la constitution d'un délit de tromperie (3).

(1) *Contra.* Popineau, *Lois Nouvelles,* 1907, p. 514.
(2) GARRAUD, *Précis,* p. 457.
(3) DALLOZ, *Jurisp. gén.,* sup. vᵒ *Vente de substances falsifiées,* nᵒ 28, et *Code pénal annoté,* p. 812.— Nancy, 26 décembre 1859. — Contra Paris 14 janvier 1859. D. 60-5-418. — Toulouse, 31 mars 1887. D. 88. 2. 22.

§ II. — *Contrats occasionnels du délit de tromperie et choses auxquelles il s'applique.*

L'article 423 du Code pénal, qui prévoyait la tromperie sur la nature et la quantité des marchandises ne s'appliquait qu'à la vente. Cependant la Cour de Cassation l'avait étendu à l'échange (1) et à l'entreprise de travaux.

L'article 1ᵉʳ de la loi du 27 mars 1851, était aussi inapplicable aux contrats autres que la vente. Quant au point de savoir si l'on devait assimiler la dation en paiement à la vente, la question était controversée en doctrine et en jurisprudence. On excluait en tout cas, le louage d'industrie (2).

Le projet de loi de 1898 contenait : « Quiconque aura trompé ou tenté de tromper l'*acheteur*...» On était pourtant d'accord pour étendre les dispositions de la loi à toutes les fraudes qui se produisent dans des conventions quelconques qui se traduisent par une tradition (3) ou pour une tradition de marchandises : échange, contrat de société, contrat de louage de chose ou d'ouvrages, etc.

(1) Civier, 18 nov. 1858, D. 58-1-480.

(2) Cass., 5 février 1869. D. 69. 1. 587.

(3) Cela peut se produire, par exemple, quand le propriétaire donne du grain à ses moissonneurs à titre de salaire, comme cela se pratique beaucoup dans le Perthois et la Brie.

Aussi sur un amendement de M. Perroche d'accord avec la commission on remplaça le mot « acheteur » par « contractant » (1).

En présence de cette substitution, et des explications qui l'ont motivée, on ne saurait limiter à la vente l'application de l'article 1er en se basant soit sur l'alinéa 2 du même article, qui suppose que la désignation de l'espèce et de l'origine des marchandises a été « considérée comme la cause principale de la vente », soit sur le titre de la loi « sur la répression des fraudes dans la vente des marchandises ». Il est, en effet, manifeste que le mot « vente » n'a été maintenu dans les deux cas que par suite d'un oubli du législateur (2).

Une autre réforme, tout aussi importante, et qui avait été apportée par la loi du 27 mars 1851, a été maintenue dans la loi du 1er août 1905. Il n'y a plus maintenant à rechercher si la tromperie porte sur des matières d'or ou d'argent, de pierres fines ou de marchandises comme sous l'empire de l'article 423 du Code pénal pour savoir si la tromperie est punissable ».

Il suffira qu'elle porte sur une « chose livrée », qu'elle soit ou non l'objet d'un acte commercial, sauf à tenir compte, bien entendu des exceptions motivées par les lois spéciales ou les réglements d'administration publique qui prévoient la tromperie au regard de certains produits déterminés.

(1) Ch. dép. 1re séance du 8 déc. 1904 *J. off*. du 9 p. 2937.
(2) D. 1906. 4. 48.

SECTION II

Différentes espèces de tromperies

L'article 1er de la loi du 1er Août 1905, reconnait diverses espèces de tromperies. Une lecture attentive de ce texte nous apprendra qu'il prévoit les tromperies qui portent soit sur la nature, les qualités substantielles, la composition et la teneur en principes utiles de toutes marchandises, soit sur leur origine, leur espèce, leur quantité, leur identité.

§ I. — *Tromperie sur la nature.*

Il n'y a plus aujourd'hui à tenir compte des nombreuses controverses qui s'élevèrent autrefois dans la doctrine et dans la jurisprudence, sur l'étendue qu'il fallait donner à cette expression « nature de la marchandise ».

La jurisprudence surtout était très incertaine ; sollicitée d'une part par les besoins incontestables de la répression, à appliquer la loi même à des faits qui ne constituaient pas des tromperies sur la nature des marchandises, elle était retenue, d'autre part, par l'insuffisance des textes (1). De là des arrêts contradictoires

(1) L'art. 423 du C. p. et la loi de 1851 ne réprimaient que la tromperie sur la nature.

sur ce qu'il fallait entendre par nature de la marchandise.

Les tribunaux ne se trouvent plus maintenant, dans des conditions aussi désavantageuses pour une bonne justice. Le nouveau texte est précis et permet d'apprécier en quoi peut consister la véritable tromperie sur la nature, en citant à côté de celle-ci, les diverses autres tromperies dont toute marchandise peut être l'objet.

L'exposé des motifs du projet du Gouvernement nous l'apprend : « La tromperie porte sur la nature propre de la marchandise, soit que la fraude provienne de ce que la chose vendue a été donnée pour ce qu'elle n'a jamais été, soit que la nature en ait été altérée au point d'être rendue impropre à l'usage auquel elle était destinée. La tromperie délictueuse réussit ainsi à produire dans l'esprit de l'acheteur une erreur sur la substance même de la chose qui a fait l'objet du contrat, erreur que la loi civile reconnait comme une nullité de la convention (1) »

Ainsi, y aurait-il lieu, comme la jurisprudence le décidait déjà sous l'empire de l'article 423 du Code pénal, de voir une tromperie sur la nature, dans le fait de vendre du cuivre blanchi pour de l'argent (2) ; de livrer, comme farines propres à la panification, une

(1) Art. 1110 du Code civil.

(2) Cass., 11 juin 1830, DALLOZ, *Répertoire*, V. *Industrie et Commerce*, p 735, note 2.

denrée composée presque en totalité de substances étrangères (Cass., 27 Janvier 1848, D . 48-1-150) ; comme graines vertes exemptes de corps étrangers à la composition de ces graines (Cass., 28 Mars 1862, D. 65-5-404) ; comme gluten granulé, un produit ne contenant aucune addition de cette substance et se composant exclusivement de farine granulée (Orléans, 30 Avril 1851, D. 53-2-35) ; comme vin naturel, des vins de raisins secs additionnés de vin naturel, ou rhum de Sainte-Lucie de l'alcool d'industrie aromatisé ; comme chocolat pur sucre et cacao, un mélange d'amidon, de blé et de coques et germes de cacao (Cass. 5 Juillet 1901, D. 1905 1 87) (1).

La jurisprudence décide également, que constitue le délit de tromperie sur la nature de la marchandise, le fait de livrer, comme provenant de source minérale, une eau artificielle fabriquée à Paris, alors même que celle-ci contiendrait les mêmes éléments chimiques que l'eau naturelle dont le nom lui a été attribué (2).

Enfin, il a été encore décidé que lorsqu'une mixtion a tellement altéré la marchandise que sa nature première a disparu, et qu'elle a été rendue impropre à l'usage auquel elle était destinée, la fraude constitue une tromperie sur la nature même de la chose (3).

(1) Cités aux *Lois nouvelles*, p. 517, POPINEAU.
(2) Cass., 15 mai 1883, *Bull. crim.*, nº 115.
(3) Cass., 22 février 1861, D. 61-1-139.

On doit encore faire entrer dans cette catégorie la fraude commise au détriment de l'acheteur par la falsification de toute marchandise autre que les substances alimentaires et médicamenteuses (1) qui sont seules protégées par l'article 2. Ainsi lorsque dans une étoffe, telle qu'un châle cachemire, destiné à être vendu comme un produit pur, on substitue aux éléments qu'elle doit contenir un mélange de matériaux inférieurs, la fraude doit être poursuivie comme tromperie sur la nature de la marchandise livrée. L'impossibilité où on serait de livrer à l'acheteur, sans commettre un délit, la marchandise qui lui est annoncée ne peut faire excuser la tromperie (2).

§ II. — *Tromperie sur les qualités substantielles la composition, la teneur en principes utiles.*

A l'expression unique du Code pénal « nature de la marchandise » l'article 1er a ajouté les mots : « qualités substantielles, composition, teneur en principes utiles » qui complètent la pensée de la loi et lui donnent une précision, devenue plus nécessaire en raison des procédés scientifiques actuellement en usage, pour la vérifi-

---

(1) Ou les engrais dont les falsifications sont réprimées par la loi du 4 février 1888.

(2) Paris, 19 février 1847, D. 47-2-71. — Crim., 15 février 1851, D. 53-2-35.

cation des éléments constitutifs d'un grand nombre de produits (1).

Ni l'article 423 du Code pénal, ni la loi du 27 Mars 1851 ne prévoyaient, en effet, ces différentes espèces de tromperies. Tout au plus l'article 423 § 1 mentionnait-il la tromperie sur la qualité d'une pierre fausse vendue pour fine ; mais c'était plutôt là, en réalité, une tromperie sur la nature.

En présence de l'étroitesse de la législation, la jurisprudence s'était efforcée d'étendre le plus possible la tromperie sur la nature. Se basant sur ce que la Commission législative, qui se proposait de restreindre le sens du mot tromperie au cas où elle portait sur la nature, l'origine ou l'espèce de toute marchandise, avait vu repousser son amendement par le Conseil d'Etat, le 18 Janvier 1810, elle s'était cru autorisée à donner de l'élasticité à l'article 423 du Code pénal.

Elle décidait, par exemple, que si la qualité d'une marchandise lui faisait attribuer une classe déterminée dans les transactions commerciales, la tromperie sur cette qualité pouvait être considérée comme une tromperie sur la nature ; ainsi, était punissable, par application de l'article précité, celui qui au lieu de livrer des farines de deuxième sorte, comme il s'y était engagé, en livrait de troisième sorte seulement et de mauvaise qualité (1).

(1) Exposé des motifs, 6 avril 1898, D. 1906-4-49.

(2) Riom, 15 juillet 1857. (DALLOZ, *Répert.*, V. Vente de subs_tances falsifiées, p. 1.074).

Une lacune n'en subsistait pas moins dans la législation. La loi de 1905 l'a comblée. L'expression de « qualités substantielles » qu'elle emploie nous permet de faire un rapprochement entre l'article 1er de cette loi et l'article 1110 du Code civil, et par suite de cette assimilation, de lui appliquer les développements auxquels a donné lieu cet article.

Les choses ne tombent sous les sens de l'homme que par leurs qualités : ce sont elles qui les caractérisent, les distinguent des autres, en font l'individualité et la spécialité, c'est-à-dire les qualités substantielles dont dérivent les usages et les propriétés de la chose.

« A côté de ces qualités substantielles, il s'en trouve de secondaires, d'adjectives » (1). Cette distinction est capitale, car la tromperie sur les qualités secondaires n'est pas atteinte par notre loi. Elle pourra l'être seulement si elle s'exerce sur des denrées alimentaires ou médicamenteuses et si elle se consomme grâce à une falsification (art. 2).

L'article 1er ne se contente pas, en effet, de la simple tromperie sur la qualité de la marchandise ; il exige des qualités substantielles, c'est-à-dire celles dont l'existence est une cause déterminante du contrat.

Constitueraient des tromperies sur les qualités substantielles, les faits de livrer comme bonne une pièce de toile sans valeur, comme étant brûlée ; de livrer du

____

(1) CH. ROBÉ, *op. cit.*, p. 60.

carbonate de soude destiné au blanchissage et contenant une quantité anormale de sulfate de soude de
nature à diminuer sensiblement la puissance active du
produit (1).

Quant aux expressions « composition » et « teneur
en principes utiles », elles ont pour but d'enlever au
juge toute hésitation sur l'application de la loi, en
apportant plus de précision dans le texte.

On peut citer dans cette catégorie la livraison pour
graines de semences, de graines qui ne peuvent germer
et que le livreur savait infécondes (2) ; ou encore le cas
où un engrais falsifié par un mélange d'éléments étrangers ne contiendrait plus qu'un dixième de substance
fertilisante, et aurait perdu son caractère propre et ses
effets.

§ III. — *Tromperie sur l'origine et l'espèce.*

Ce genre de tromperie, que le Code pénal pas plus
que la loi du 21 Mars 1851 ne semblait avoir prévu
expressément, était réprimé par la jurisprudence comme
entrant encore dans la classe des tromperies sur la
nature.

---

(1) Ces faits étaient jusqu'à ce jour dénués de tout caractère
délictueux. En ce sens : Cass., 3 décembre 1853, D. 54-1-365 ;
Cass., 21 juillet 1894, D. 90-1-53.

(2) Rapport THÉVENET, Sénat, doc. parl., *J. Off.*, 1898, p. 642.

C'est souvent, en effet, le lieu de production ou de falsification qui fait la spécialité industrielle d'une marchandise, spécialité particulièrement recherchée par l'acquéreur ; lorsqu'on le trompe à cet égard, on se rend coupable d'un délit punissable. Voilà pourquoi la jurisprudence n'avait pas hésité à assimiler l'origine et l'espèce à la nature, en voyant, par exemple, une tromperie dans la vente de vin de quinquina de Seguin, d'un vin de quinquina préparé par un pharmacien, conformément au Codex ; ou encore de graine de luzerne dentelée pour de la graine de luzerne cultivée (1).

Le législateur de 1851 n'avait pas cru, cependant, devoir englober dans son texte cette nouvelle catégorie de tromperie. D'après lui, réprimer la tromperie sur l'origine ç'aurait été atteindre et même détruire plusieurs grandes industries nationales, dont les produits égalent au moins les produits étrangers similaires. Que leur origine soit nécessairement signalée, ils sont délaissés immédiatement pour des objets souvent inférieurs, mais que recommande l'habitude et le préjugé ! Enfin ç'aurait été interdire à l'industrie française la faculté d'imiter par repressailles des industries étrangères et l'exposer sans défense à une concurrence désastreuse.

Et M. Riché déclarait : « Quant à ce genre de trom-

(1) Paris, 12 février 1869, D. 70-2-135. — Cass. 15 mars 1877, D. 78-1-398.

perie qui consisterait non à simuler le vin, etc., mais à donner à un vin véritable et homogène un nom fallacieux, à lui attribuer un crû qui n'est pas le sien, ce n'est pas à la loi sur les falsifications qu'il appartient d'atteindre ces supercheries dans les cas où elles doivent être réprimées. Cet ordre d'idée se rattache aux problèmes que peut soulever la législation sur les usurpations de noms, sur les marques de fabriques (loi du 28 Juillet 1824) ou d'origine sur les constatations de la provenance (1) ».

On écarta donc l'inscription dans la loi de ce genre de tromperie, comme contraire au commerce intérieur du pays, comme inutile ensuite.

Le législateur de 1905 ne s'est pas laissé arrêter par les considérations qui frappèrent celui de 1851, et il a

---

(1) Rapport RICHÉ, Loc. de 1855. (D. 55-4-66). — La jurisprudence s'appuyait aussi, le cas échéant, sur l'article 1er de la loi du 28 juillet 1824, qui punit : « Quiconque aura soit apposé, soit fait apposer par addition, retranchement, ou par une altération quelconque, sur des objets fabriqués le nom d'un lieu autre que celui de sa fabrication ». En conséquence, il a été jugé, que « le nom de champagne ne peut être donné légalement à des vins mousseux non champenois, quand même il serait précédé ou suivi, soit du nom commercial du négociant, qui a fabriqué les vins, soit du nom du lieu où la fabrication a été faite ; ainsi, un négociant de Maine-et-Loire ne peut attribuer à ses produits la dénomination de « champagne mousseux », même en accompagnant cette dénomination de son nom commercial, ou du nom du lieu de fabrication ». (Paris, 18 nov. 1892, D. 93-2-147).

expressément prévu dans le texte de l'article 1ᵉʳ cette nouvelle catégorie de tromperie.

Deux conditions sont nécessaires pour constituer un délit punissable de ce genre : 1° La tromperie doit porter sur l'origine ou sur l'espèce de la marchandise ; 2° La désignation de cette espèce ou de cette origine devra être la cause principale du contrat.

« L'acheteur est trompé sur l'espèce de la marchandise, lorsqu'on lui vend, par exemple, de l'huile de coton pour de l'huile d'olive, de la cire minérale pour de la cire d'abeille, de la farine de seigle pour de la farine de froment, des tourteaux de colza pour des tourteaux de lin, un soc en fonte au lieu d'un soc en acier. » (1).

« C'est tromper sur l'origine, que de vendre pour un vin d'un crû déterminé, un vin d'un autre crû ; pour du beurre d'Isigny, du beurre ordinaire ; pour des graines de luzerne de Provence, de la graine de luzerne du Poitou ou d'Amérique ; pour des graines de semences de lin de Riga, des semences de lin du pays » (2), de l'huile d'olive de pays exotiques pour de l'huile d'olive de Provence.

Pour éviter qu'une extension trop large puisse être donnée au nouveau texte pénal, la loi mentionne

____

(1) Exposé des mot. du Gouv. Sénat doc. parl. *J. Off.*, du 19 juin 1898, p. 407.

(2) *J. Off.*, loc. cit.

expressément qu'il n'y aura tromperie que « lorsque, d'après la convention ou les usages, la désignation de l'espèce et de l'origine faussement attribuée aux marchandises devra être considérée comme la cause principale de la vente », de même qu'aux termes de l'article 1110 du Code civil l'erreur sur la personne ne vise le contrat, que lorsque la considération de la personne a été la cause principale de la convention.

La loi dit : « cause principale » et non pas seulement « une des causes du contrat ». Un amendement avait, en effet, été déposé pour substituer la deuxième expres-. sion à la première.

La Chambre repoussa cet amendement sur les observations du ministre de l'agriculture, qui, maintenait que dans l'intérêt général des transactions, il fallait limiter le délit aux cas où l'origine et l'espèce seraient la cause principale du contrat (1). Et M. Thévenet ajoutait que les magistrats devraient se montrer très prudents, pour apprécier, cette cause principale.

« La pensée de la loi pénale, dit l'exposé des motifs, est ainsi clairement exprimée et complétée. D'une part, elle veut réprimer sans exception toutes les tromperies qui portent sur les qualités mêmes que devait avoir la marchandise, pour atteindre le but auquel elle était destinée, qualités sans lesquelles les parties n'auraient pas traité ; d'autre part, elle ne veut attacher de péna-

(1) *J. Off.*, 24 déc. 1904, p. 2634 et 2635.

lités qu'aux seules tromperies ayant ce caractère manifeste de mauvaise foi punissable. » (1)

Le texte indique, du reste, comment les tribunaux seront guidés dans leur appréciation. Il suffira pour l'application de la loi dans le cas que nous examinons que l'espèce ou l'origine, soit fixée par la convention ou les usages locaux. Cela résulte du texte même qui porte : « D'après la convention *ou* les usages locaux » à la suite de la rectification opérée sur l'observation de M. Thévenet, au texte primitif du projet, lequel était ainsi conçu : « d'après la convention *et* les usages locaux ». (2)

Une difficulté vient se greffer ici. La tromperie sur l'origine et l'espèce doit-elle se rencontrer dans un *contrat* quelconque, ou simplement dans la *vente*, pour être punissable ? Si l'on s'en tient au texte de la loi, on doit reconnaître qu'il ne prévoit que le cas de « vente ». Cependant si l'on tient compte de l'esprit qui a guidé le législateur, si l'on se rappelle surtout la discussion qui eut lieu à la Chambre (3), et qui aboutit au remplacement, dans l'article 1er du mot « acheteur » par celui de « contractant » on est obligé de reconnaître, qu'il y a eu dans la rédaction de la fin du 3me paragraphe du même article une inadvertance du législateur qui oublia

____

(1) *J. Off.*, 19 juin 1898, p. 407.
(2) Sénat, 24 fév. 1899. *J. Off.*, 25 p. 33.
(3) Voir ci-dessus, 2me partie, chap. Ier. Section I, § 2.

l'importante modification apportée au début de la loi. Il faut donc rectifier le texte et dire «,... comme cause principale *du contrat*. »

§ 4. — *Tromperie sur la quantité et l'identité* (1)

Les tromperies qui entrent dans cette nouvelle catégorie, se commettent au moment de la livraison, contrairement à celles que nous avons vues jusqu'ici et qui apparaissent lors de la formation du contrat.

« Le mot quantité, comprend le poids, le volume, le nombre », déclarait le ministre de l'agriculture en réponse à un amendement déposé par M. Vaillant ». qui avait pour but de préciser le texte, en (2) le complétant ainsi : « Ceux qui auront trompé etc..., soit sur la quantité, en poids, en volume, ou en nombre... »

M. Vaillant avait le souci en agissant ainsi de répondre à la plainte, souvent entendue, d'acheteurs, particulièrement de la campagne. Ils ont fait remarquer combien souvent il leur arrivait de voir le vendeur substituer à une demande de poids, une livraison comptée en volume ou en nombre. Il retira son amendement

---

(1) *Bibliogr.* : Million, *Des fraudes*, p. 265 et 266. Dalloz. *Rep*. Vente de subit. fabrif. n· 122 etc. Voir : Crim. rejet. 4 avril 1857. D. 57-1-265. et 6 août 1857. D. 57-1-416.

(2) *J. Off.*, 9 déc. 1904, p. 2785.

devant la déclaration du ministre, qui ajouta, qu'en outre, il était bien certain que les règlements d'administration publique pourront prévoir les difficultés auxquelles M. Vaillant faisait allusion.

D'après cette interprétation il a été décidé que la vente de cristaux de soude, où la quantité du carbonate était abaissée à 16 degrés, — alors que le composé de sulfate et de carbonate de soude doit régulièrement titrer 30 à 31 degrés alcalimétriques, — constituait une tromperie sur la quantité de la chose vendue (1).

L'article 1ᵉʳ parag. 3 de la loi du 24 mars 1851, qui avait remplacé la disposition de l'article 423 du Code pénal, relative à la tromperie sur la quantité des choses vendues, ne réprimait la tromperie qu'autant que le fait incriminé avait été accompli par l'un des moyens ou manœuvres énumérés par la loi. La loi de 1905 supprime cette restriction, et ce faisant, elle permet de punir des tromperies qui, perpétrées à l'aide de moyens, non prévus par la législation antérieure, échappaient à toute répression. Aujourd'hui ces moyens et manœuvres constituent des aggravations (2).

La tromperie sur l'identité consiste à livrer une marchandise autre que la chose déterminée, qui a fait l'objet du contrat. Elle suppose un corps certain comme

(1) Paris, 9ᵉ ch., 4 nov. 1905 . *La loi*, 11 janv. 1906.
(2) Voir art. 2 de la loi du 1ᵉʳ août 1905 et la section III, du présent chapitre.

objet du contrat ; par exemple on achète un cheval qu'on choisi dans les écuries, on en livre un autre.

La preuve en sera faite par les moyens de droit commun. On avait, en effet, proposé à la suite de l'article 1⁰ʳ, un article additionnel ainsi conçu : « La tromperie ou tentative de tromperie, sur l'identité des marchandises vendues, ne constituera un délit, que lorsque cette identité pourra être déterminée par les lettres mêmes d'un acte de vente, des lettres échangées, des factures délivrées, ou par des échantillons » (1).

Cet amendement fut repoussé, après avoir été vivement combattu par **M**. Cazeneuve, qui fit remarquer que la mesure proposée aurait pour conséquence d'obliger les petits acheteurs au comptant, les acheteurs de produits agricoles, à passer acte écrit de leurs conventions, alors que dans la pratique, et pour la rapidité des transactions commerciales, ces conventions ont généralement lieu verbalement.

Une autre disposition additionnelle fut proposée par M. le professeur Cazeneuve. Elle avait pour but d'ériger en délit de tromperie la livraison, même avec le consentement de l'acheteur, d'une marchandise, autre que la chose déterminée « qui a fait l'objet, s'il s'agit de substances médicamenteuses, de la prescription médicale prévue par l'article 32 de la loi du 21 germinal an XI », sur la pharmacie (2).

(1) Ch. dép. *J. Off.*, 9 déc. 1904, p. 2931.
(2) *J. Off.*, 9 déc. 1904, p. 2932 et s..

L'ordonnance médicale, disait-il, doit être respectée et le pharmacien ne peut avoir le droit de donner à son client, fût-ce avec son consentement, de l'antipyrine, par exemple, au lieu de quinine.

Cette proposition fut combattue par le ministre, et écartée, pour ce motif qu'une loi sur les fraudes ne pouvait pas être en même temps une loi sur la pharmacie (1).

« En résumé, écrit M. Popineau (2), la loi actuelle ne laisse point impunies les tromperies à l'occasion de produits pharmaceutiques, mais elle les soumet au régime du droit commun, lequel exige l'intention frauduleuse ; si donc, pour reproduire l'exemple cité par le rapporteur, le pharmacien, alors que l'ordonnance médicale prescrit de préparer une potion avec tant de gouttes de laudanum de Rousseau, donne tant de gouttes de laudanum de Sydenham, qui a une valeur bien moins agissante, il ne commet une tromperie répréhensible qu'autant que sa mauvaise foi est établie. »

SECTION III

Circonstances aggravantes

Nous avons vu, en étudiant la tromperie (3), que certaines manœuvres frauduleuses ne constituaient plus

(1) Ch. dép. 1re séance du 1er déc. 1904. *J. Off.* du 2, p, 2785 et 1re séance du 8 déc. 1904. *J. Off.* du 9, p. 2929 et s.

(2) *Lois nouvelles*, 1907, p. 522.

(3) V. Section 1re du présent chapitre.

sous l'empire de la nouvelle loi un élément indispensable pour que le délit soit punissable ; qu'elles constituaient par contre des circonstances aggravantes des infractions qu'elles accompagnaient.

L'article 2, aggrave, en effet, les pénalités (1) de l'article 1ᵉʳ, toutes les fois qu'on les trouve jointes aux délits que nous venons d'examiner.

Ces circonstances aggravantes se divisent en trois classes : 1º L'usage d'instruments faux ou inexacts ; 2º Les procédés tendant à modifier les marchandises ou à fausser les opérations ; 3º Les indications frauduleuses. Ces circonstances d'aggravation sont limitatives.

§ 1. — *Usage d'instruments faux ou inexacts.*

L'article 2 § 2 parle de « poids, mesures et autres instruments faux ou inexacts ». On doit entendre par faux poids ou fausses mesures, tout poids ou toute mesure, qui n'a pas la pesanteur ou la dimension exigée par la loi. Peu importe à ce point de vue qu'ils soient ou non revêtus de la marque du poinçon de vérification.

L'expression « autres instruments » n'était pas dans le Code pénal, la loi innove encore une fois ici. Il faut ranger dans cette catégorie tous les instruments de pesage ou de mesurage, tels que balances de toutes sortes à bras égaux ou à bascule, double décalitre, litre, etc., qui seraient faux ou inexacts.

(1) Voir chapitre des Pénalités.

Il reste bien entendu que conformément à l'esprit de la loi, l'emploi de ces instruments divers pour être punissable doit être fait en connaissance de cause (1). M. Thévenet, rapporteur a déclaré du reste formellement à propos des réclamations que les intermédiaires des Halles avaient adressées à la commission, « que la mauvaise foi devra toujours être démontrée » (2). Et il ajoutait en ce qui concerne plus particulièrement ces commerçants que au cas où ils auraient reçu, par exemple, des paniers de marchandises dans lesquels le poids des paniers devrait entrer pour une tare d'un poids déterminé, et qui ne serait pas exact, ils ne pourraient être poursuivis qu'au cas ou leur mauvaise foi serait établie. Cette solution doit être étendue à tous les genres de commerce où la même pratique est exercée.

§ 2. — *Procédés tendant à fausser les opérations.*

Parmi ces procédés on distingue très nettement ceux qui tendent à fausser le mesurage et le pesage des marchandises, et celles qui tendent à modifier leur poids et leur volume.

(1) A la rédaction du projet du gouvernement, la commission sénatoriale avait ajouté les mots : « employés en connaissance de cause ». A la Chambre, ces mots furent retranchés comme inutiles. (Voir POPINEAU, *Lois nouvelles*, p. 525).

(2) *J. Off.*, 18 janv. 1899, p. 643.

Les premiers exercent surtout leur action sur les instruments propres à effectuer l'opération. « Tout le monde connaît, dit M. Riché les stratagèmes souples et variés et la prestidigitation habile ou les additions clandestines qui savent rendre docile un plateau, et les manœuvres qui ajoutent au poids réel de la marchandise ou lui donnent une décevante ampleur. » (1)

Ainsi il y aurait infraction dans l'emploi d'une balance exacte, mais dans laquelle aurait été introduit un corps étranger, destiné à augmenter le poids du plateau où se trouve placée la marchandise à peser, et dont l'usage en faussant l'opération du pesage, amènerait le même déficit que celui résultant de deux plateaux de poids inégaux. La même fraude se rencontrerait dans l'adjonction d'un corps étranger à un instrument de mesurage dont il diminuerait la capacité, aussi bien que dans toutes manœuvres quelconques, qui seraient de nature à fausser les opérations fut-ce sans altération matérielle, et notamment dans une manœuvre résultant de toute action extérieure exercée sur un instrument, ou de la substitution frauduleuse d'un instrument à un autre (2).

____

(1) Rapport sur la loi de 1851. Ces ruses ont été signalées surtout à Paris et dans les grandes villes, notamment chez quelques boulangers, bouchers, épiciers, charbonniers, marchands de bois.

(2) C. p. annoté p. 820, n° 617.

Remarquons, en passant, que la loi de 1905 ne se borne pas à protéger les opérations de mesurage et de pesage, elle a encore prévu que les manœuvres analogues pouvaient être pratiquées en vue de fausser aussi l'analyse et le dosage (art. 2 §3).

La deuxième catégorie de ces procédés : ceux tendant à modifier le poids, le volume, ou la composition, ne portent plus sur l'appareil de pesage, de mesurage ou de dosage, mais sur la marchandise à mesurer. La loi de 1851 qui ne protégeait pas la composition des marchandises contre ces manœuvres, se contentait de punir (art. 1ᵉʳ 3°) la seule augmentation de poids et de volume. La nouvelle loi, en ajoutant une mesure spéciale pour la composition, a déclaré punissable toute *modification* de poids et de volume, en sorte qu'elle permet de réprimer sévèrement aussi bien la tromperie commise par des diminutions du poids ou du volume, que celle commise par leur augmentation.

Tombera sous le coup de cette infraction celui qui, par exemple, aura employé une humidité tout à fait artificielle pour augmenter, antérieurement au pesage ou au mesurage, le poids ou le volume de la marchandise. Le mélange avec du son vendu comme pur d'une notable quantité de poussière, de gravier, de terre ou de résidus de graines diverses (1), constitue le même délit.

(1) Crim. 17 août 1877. D. 78. 1. 93.

Ce délit peut se rencontrer également dans les falsifications, ayant pour objet des substances autres que celles dont la falsification constitue un délit, c'est-à-dire autres que les substances alimentaires ou médicamenteuses et les boissons, que l'art. 3, protège seules contre les falsifications elles-mêmes, et contre la vente ou la mise en vente du produit falsifié. Ainsi en est-il de l'addition frauduleuse de sable à de la graine de trèfle, ou encore le remplacement de la quantité d'eau tolérée dans la fabrication du savon, par une substance comme le talc. (1)

D'une manière générale on peut dire que constitue un procédé illicite l'introduction de matières inertes, de nature à augmenter le poids ou le volume des marchandises.

§ 3. — *Indications frauduleuses*

Sans opération matérielle de pesage ou de mesurage, il peut y avoir des manœuvres frauduleuses, qui doivent être réprimées. Dans bien des cas, en effet, les usages du commerce, le genre et la nature des marchandises ne permettent pas que l'opération du pesage ou du mesurage soit faite au moment de la livraison ; elle est alors exécutée antérieurement et constatée par des signes apparents qui font connaître le poids ou la

(1) Crim. 4 avril 1857 D. 57. 1. 265 ; 7 août 1890 D. 91. 1. 96 ; 9 fév. 1894 D. 96, 1.53.

la mesure de la marchandise (1). Il est des objets et des denrées dont le poids est présumé d'après le nombre qui compose leur collection, d'après leur nom, d'après certaines indications. Si on livre la chose, sachant que ces signes sont fallacieux, on dérobe une partie du poids dont ces signes étaient l'expression.

Dans d'autres cas, la facture peut chercher à persuader faussement à l'acheteur l'existence d'un pesage ou d'un mesurage antérieur et exact, base du prix.

Soit que l'on veuille couvrir un déficit, soit que l'on cherche à échapper au contrôle, de pareils procédés doivent être punis. Ce sont eux que la nouvelle loi a voulu atteindre par ces mots « indications frauduleuses ».

Pour constituer cette circonstance aggravante la seule déclaration mensongère serait insuffisante, il faut à l'appui du mensonge, un signe extérieur, une manœuvre réelle, de nature à faire croire à un pesage ou à un mesurage antérieur. La jurisprudence qui avait longtemps hésité, est aujourd'hui définitivement fixée en ce sens (2). La loi de 1905 a consacré cette jurisprudence, elle veut atteindre la fraude commise à l'aide d'une indication extérieure, et en quelque sorte permanente, qui frappe les yeux de l'acheteur, et qui, par la

(1) Voir Garraud. *Traité de droit pénal* T. V. p. 564.
(2) Crim. 27 avril 1855. D. 55. 1. 272. — 30 déc. 1880 D. 81. 231.

facilité de la vérification accrédite la présomption d'exactitude des quantités annoncées.

Il ne faut donc pas pour tomber sous le coup de l'article 2 § 4, seulement une simple déclaration mensongère, il est nécessaire que celle-ci soit accompagnée d'une circonstance matérielle calculée, pour faire croire à la réalité du pesage annoncé. Du reste si la loi avait voulu que le mensonge fut suffisant, elle n'aurait pas employé le mot *indication*, elle se serait servie du mot déclaration.

Ainsi ce mode d'aggravation, résultant d'indications frauduleuses, tendant à faire croire à un pesage antérieur et exact, peut se rencontrer à l'égard des marchandises, pour la vente desquelles les usages constants du commerce ont fait adopter la livraison par paquets, dont le poids est alors déterminé à raison par exemple, du nombre des objets dont se composent ces paquets.

Le laitier qui ne remplitpas de la quantité annoncée, des récipients devant contenir un litre de lait, tombe dans le même cas ; de même des mentions inexactes sur le poids ou le volume portées sur des étiquettes posées sur la marchandise : une facture relatant faussement la composition de la chose livrée (1) etc. ; ou encore le

(1) Cass. 28 fév. 1857. *Bul. crim.* n° 90.

« Sans qu'ils soient des mesures légales, certains objets constituent toutefois, des appareils de capacité. Ainsi les usages com-

boulanger qui vend des pains qui ont un poids inférieur à celui que leur forme et leur volume annon-
cent (1).

On n'ignore pas, en effet, que des arrêtés municipaux
ou tout au moins des usages locaux peuvent prescrire
aux boulangers de donner à leurs pains des formes
indiquant à l'acheteur, abstraction faite de la pesée, le
poids de tout pain revêtant telle forme particulière.

Le boulanger, qui ne respecterait pas ces prescriptions tomberait, comme nous l'avons dit sous le coup
de la loi. Un fait à signaler, c'est que contrairement
à ce que nous avons vu jusqu'ici la mauvaise foi du
boulanger sera présumée : « Dès lors, a dit un arrêt de
la Cour d'Orléans, que la forme devient indicative du
poids, les boulangers sont censés, au regard des consommateurs, s'être assurés, préalablement, de l'exactitude de leur poids » (2). Mais cette dérogation dans

merciaux fixent-ils la contenance des futailles dites bordelaises
ou mâconnaises, ou pièces de Beaune, etc. (Voir le tableau annexé
à la loi du 13 juin 1866 sur les usages commerciaux)... Ce sont là,
non pas, encore une fois, les mesures inexactes ou fausses du
paragraphe 2 de l'article 2 de notre loi, mais si ces appareils sont
faux, autant d'indications frauduleuses, au terme du paragraphe
4 du même article, » Voir POPINEAU. *Lois nouvelles*, 1907, p.
527. *Comp.* sur tous ces points, DESCLOZEAU, *op. cit.* p. 85.
Adde, ce que dit cet auteur, des *bouteillles*, comme mesure de
capacité.

(1) Cass. 4 fév. 1854. S. 54. 1. 337.
(2) Cass. 11 nov. 1851. D. 52. 2. 228.

l'administration de la preuve doit se cantonner à ce cas particulier, et ne pas s'étendre au delà.

Disons enfin, pour terminer, que dans ses motifs le jugement ne doit pas se borner à énoncer que la tromperie a eu lieu à l'aide d'indications frauduleuses tendant à faire croire à une analyse, un pesage, mesurage antérieur et exact, il doit encore préciser en quoi ont pu consister ces indications de manière à permettre à la Cour de Cassation d'exercer son contrôle (1).

SECTION IV

De la tentative de tromperie

La loi de 1851 ne prévoyait que la tromperie, la tentative, c'est-à-dire l'acte qui précède et prépare la vente, ne l'était pas. Il fallait que la vente soit conclue pour qu'il y ait délit. Tout au plus existait-il une exception pour la tentative de tromperie sur la quantité et la mise en vente de produits falsifiés ou corrompus (2).

(1) Cass. 8 juil. 1898. D. 1900. 1. 114.
(2) Les tentatives de tromperie étaient prévues pour les vins, mais pas pour les autres marchandises (loi de 1855 sur les boissons).

Toutes les autres tentatives de tromperies restaient en dehors de la loi.

Une disposition, qui avait pour objet de combler cette lacune, avait été proposée par M. Sauteyra, mais comme l'amendement avait le défaut de comprendre des fraudes, déjà prévues par l'article 423 du Code pénal, et d'autres qu'on entendait laisser en dehors de la loi, on en vota le rejet, sans retenir la disposition relative à la tentative.

Il y avait là un grave défaut ; car la tentative de tromperie aurait dû tout aussi bien que pour la quantité être prévue dans les cas où des indications, qui pouvaient tromper l'acheteur, ont été apposées frauduleusement sur la marchandise mise en vente. Le résultat inévitable était, qu'un grand nombre de faits répréhensibles ne pouvaient être punis parce que le délit n'existait pas. Beaucoup de commerçants pouvaient, de cette façon, mettre en vente impunément, sous des étiquettes mensongères, sous des dénonciations frauduleuses, toutes sortes de produits sur l'origine, l'espèce, la qualité desquels l'acheteur était trompé. Il se produisait ainsi de nombreuses tromperies, qui auraient été évitées si l'on avait réprimé les manœuvres ou indications qui présentaient, aux yeux des consommateurs, la marchandise exposée pour ce qu'elle n'était pas, en réalité.

La difficulté était, en outre, de trouver la limite entre la tentative et la tromperie consommée. De graves divergeances existaient entre les auteurs. La jurisprudence, qui reconnaissait la lacune de la loi, voyait le caractère de délit consommé dès qu'il y avait le moindre doute. Ainsi, il a été jugé que le fait par un marchand, qui annonçait mettre en vente une marchandise spéciale, d'avoir livré une marchandise inférieure et d'une nature différente, constitue le délit de tromperie, encore même que l'acheteur, en raison de ses connaissances spéciales, aurait déjoué la fraude, que cette livraison avait pour objet de consommer (1).

Le législateur a, lui aussi, reconnu le point faible de la loi de 1851. Aussi a-t-il prévu la répression de la tentative de tromperie sur l'origine, l'espèce, la qualité, dans les lois sur les beurres, sur les vins et sur les engrais. La loi actuelle comble complètement la lacune, en étendant cette prescription à tous les autres produits, de manière à obliger le vendeur à indiquer au consommateur la nature, l'espèce, l'origine, etc., du produit livré, et à prévenir les fraudes dans la vente de ce produit.

Le Gouvernement et le Parlement se trouvèrent d'accord sur la nécessité de punir la tentative comme le fait lui-même : « Si nous voulons, disait M. Thévenet, dans son rapport au Sénat, décourager la fraude, qui est une véritable escroquerie, nous devons atteindre ceux qui essayent de la commettre, qui ont la volonté

(1) Paris, 19 février 1847, D. 47-2-73 ; Poitiers, 11 juin 1857, D. 58-1-189.

de tromper et qui emploient toute leur habileté dans ce but. Leur déloyauté est incontestable dès qu'ils ont conçu leur projet, et s'ils n'ont pu réussir dans leur entreprise, c'est que le hasard seul l'a fait avorter » (2).

La tentative de tromperie est donc, aujourd'hui, punissable, en vertu de l'article 1er de la loi du 1er Août 1905.

Aucun texte ne détermine les éléments constitutifs de la tentative. Toutefois, on doit admettre conformément au principe du droit pénal, et comme le déclarait le Ministre de l'Agriculture à la Chambre des Députés : « qu'il n'y a aucune différence entre les éléments essentiels constitutifs du délit de tentative de tromperie, et les éléments essentiels constitutifs du délit même de tromperie. La tentative est punie comme le crime ou le délit lui-même ; que l'on ait affaire à l'auteur, au coauteur ou au complice, il faut pour que le délit existe que les mêmes éléments délictueux se rencontrent. Dans la tentative, comme dans l'acte lui-même, il faut que la connaissance du fait délictueux, la mauvaise foi existe » (1).

-----

(2) Sénat, *doc. parl.*, *J. Off.*, 1898, p. 642.
(1) M. Mougeot, min. de l'agr., *J. Off.*, 25 novembre, p. 2631.

SECTION V

Personnes punissables

La loi s'applique aux auteurs, aux coauteurs, aux complices, sans exception, du délit de tromperie ou de la tentative de tromperie (1).

Parmi les auteurs ou coauteurs, il faut comprendre aussi bien le vendeur, que l'acheteur, que toute partie contractante. On remarquera, dès maintenant, combien la loi a étendu son domaine d'application. L'article 423 du Code pénal ne punissait, en effet, que le vendeur en cas de tromperie sur la nature ; la loi du 27 Mars 1851, le vendeur ou, le cas échéant, l'acheteur qu'en matière de tromperie sur la quantité.

Rien de plus juste que d'y comprendre l'acheteur, au même titre que le vendeur. Celui-ci peut éprouver un préjudice quand, par exemple, il apporte ses matières chez l'acheteur et que, par le méfait de celui-ci, le pesage est infidèle (2). Il arrive qu'en certains pays, par exemple dans le Midi pour les vins, la marchandise est retirée par l'acheteur, qui se sert de ses propres appa-

---

(1) L'article 1er, de la loi du 1er août 1905, dit : « Quiconque aura trompé ou tenté de tromper le contractant ».

(2) Voir le rapport de M. Riché sur la loi de 1851.

reils pour le mesurage ou le pesage. Cela peut être l'occasion d'une fraude à l'encontre du vendeur : fraude qui demande une répression aussi énergique que lorsqu'elle s'exerce à l'encontre de l'acheteur.

La jurisprudence avait, du reste, étendu la mesure prise par la loi de 1851, et elle condamnait aussi bien l'acheteur que le vendeur qui se rendait coupable d'un délit de tromperie, ayant quelque analogie avec la tromperie sur la quantité. C'est comme manœuvre consistant, de la part d'un acheteur, à fausser les opérations du pesage qu'à été déclaré punissable le fait du boucher, « acquéreur de plusieurs lots de moutons, moyennant un prix qui devait être réglé d'après le poids d'un seul de ces lots, d'avoir, pour diminuer le poids du lot ainsi choisi comme type, substitué à des moutons gras, des moutons maigres sur lesquels il avait apposé la marque contrefaite du vendeur et d'avoir conduit à l'abattoir le lot, falsifié de cette manière, à un jour autre que celui convenu pour le pesage » (1).

La loi de 1905 s'applique, comme nous l'avons vu, à toute personne faisant la fraude (2), aussi bien au ven-

---

(1) Lyon, 9 novembre 1869, D. 69-2-248.

(2) Il faut y comprendre : Ceux qui, par exposition, affiche, lettre, circulaire, ou par tout autre mode de réclame ou de publicité, auront vendu, mis en vente ou offert de vendre d'une manière quelconque des denrées alimentaires, en invoquant soit un fait imaginaire, soit une origine de production fausse ou dénaturée, afin d'induire ou de tenter d'induire l'acheteur en erreur sur la

deur, qu'à l'acheteur, qu'à toute partie contractante, ainsi que cela résulte de la substitution faite dans l'article 1er du mot « contractant » au mot « acheteur ».

Elle s'applique aussi aux complices. Le commerçant, qui aurait même fait connaître à l'acheteur ce qu'est réellement la marchandise qu'il lui livre, se rendrait complice du délit commis par ce dernier, s'il savait la destination éventuelle de ce produit ; par contre, si le produit d'un fraudeur qui est de mauvaise foi, puisqu'il est l'auteur de la tromperie, est offert et vendu par un tiers, celui-ci ne serait un complice s'il est de bonne foi.

Il faut ici adopter les règles du droit commun de l'article 59 du Code pénal ; car c'est un point de droit qui n'est pas contesté et qui est admis en doctrine et en jurisprudence que l'article 59 du Code pénal, par lequel

qualité ou la provenance de ces denrées. — Ceux qui auront appliqué à des denrées alimentaires soit une marque, un nom de crû, etc., existant réellement, mais ne leur appartenant pas et ne pouvant pas légitimement être affectés aux dites denrées. — Ceux qui auront employé une marque, un nom de crû, etc., ne leur appartenant pas, en altérant leur orthographe, ou en les modifiant légèrement pour produire une confusion quelconque.

Cette énumération faisait l'objet d'un amendement de M. du Perrier de Larsan à l'art. 3. Le rapporteur lui répond que cet amendement est inutile, car ces cas sont suffisamment prévus par l'art. 1er (*J. Off.*, 16 novembre 1904, p. 3064.

Ces mêmes cas tombent aussi sous le coup de l'art. 1er de la loi du 28 juillet 1824, et les art. 8 et 9 de la loi du 23 juin 1857.

est punie la complicité, est applicable aux crimes et délits prévus par des lois spéciales, aussi bien qu'aux crimes et délits prévus par le Code pénal lui-même.

Ajoutons, enfin, que la présente loi est applicable à tous les citoyens, sans exception, commerçants ou non commerçants, syndiqués ou non syndiqués, sociétés coopératives, etc. (1).

____

(1) Ch. des dép., 1er sc. du 23 février 1905, *J. Off.*, 24, p. 503. C'est ce que décidait déjà la jurisprudence au regard de la loi du 27 mars 1851. (Toulouse, 18 novembre 1858, D. 59-5-401).

CHAPITRE II

De la falsification. (1)

SECTION I

Eléments essentiels du délit de falsification.

L'article 3 n° 1 de la loi du 1ᵉʳ août 1905, reproduit l'article 1ᵉʳ n° 1 de la loi du 27 mars 1851, qui réprime le fait de la falsification même indépendamment de l'usage que peut comporter ultérieurement la marchandise falsifiée. Aussi bien imitant l'exemple de son prédécesseur, le législateur de 1905, s'est-il refusé à donner à la falsification une définition, laissant aux tribunaux le soin d'en décider suivant le cas.

(1) Art. 3. -- Seront puni des peines portées par l'article 1ᵉʳ de la présente loi :

1° Ceux qui falsifieront des denrées servant à l'alimentation de l'homme et des animaux, des substances médicamenteuses, des boissons et des produits agricoles ou naturels destinés à être vendus.

C'est du reste, la méthode suivie par toutes les législations, et il n'y a guère que dans le règlement italien du 9 octobre 1889, que l'on trouve une idée assez juste de ce qu'on peut entendre par falsification : « sont falsifiées, dit ce règlement, les substances privées en partie de leurs qualités nutritives, ou mélangées à des matières de qualité inférieure, ou de quelle façon que ce soit, traitées de manière à varier ou changer leur composition naturelle.»

Dans la doctrine on cite un grand nombre de définitions, mais aucune n'est satisfaisante, toutes sont vagues : ainsi Merlin dit que la falsification est le délit qu'on commet en vendant comme pures des denrées ou des boissons auxquelles, pour en augmenter le poids ou le volume, on a mêlé des substances étrangères. D'après Littré, c'est toute altération frauduleuse de substances inertes ou de qualités inférieures. Desclozeau (*Code des falsifications*) la reconnaît dans toute manipulation calculée ou secrète, ayant pour résultat de diminuer la valeur intrinsèque de la marchandise, et de procurer au vendeur un gain illicite.

Celle qui nous paraît la plus exacte, quoique un peu large, est celle que donne Dalloz et qui voit une falsification dans « toute altération qu'on fait subir à la marchandise en vue de tromper l'acheteur » (1). Toutes les autres supposent, en effet, nécessairement un mélange.

(1) DALLOZ, *J. gén.*, Ventes de substances falsifiées, n° 151.

Or, nous le verrons plus loin, le mélange n'est qu'un des moyens par lesquels on arrive à la falsification. Ainsi, on devra considérer comme falsification non seulement l'opération à l'aide de laquelle on introduit dans une substance des éléments qui ne devraient pas s'y trouver, mais aussi, soit l'opération à l'aide de laquelle on extrait d'une substance destinée à être vendue comme pure, l'un des principes qu'elle renferme et qui la font rechercher, soit encore l'opération qui consiste à changer la physionomie d'un produit pour déguiser l'infériorité de sa qualité.

Nous dirons donc, avec Dalloz, que la falsification « est toute altération qu'on fait subir à la marchandise en vue de tromper l'acheteur », et nous en déduirons que pour constituer le délit prévu par la loi, il faudra 1° une altération ; 2° une intention frauduleuse et 3° (ajoute la jurisprudence) un préjudice.

§ I. — *Altération.*

L'altération est l'élément essentiel du délit de falsification ; et c'est précisément à cause du vague et de l'imprécision de ce terme que se dressent les plus grandes difficultés. — Quelles seront au juste les limites où l'on devra la maintenir pour que l'altération ne soit pas punissable ?

On sait, en effet, que très peu de produits sont consommés dans l'état ou la nature les fournit. La plupart sont transformés par l'industrie ; tantôt ils sont combinés entre eux pour former une denrée spéciale, tantôt ils subissent certaines préparations pour devenir propres aux besoins de l'alimentation. Ces pratiques, qui sont non seulement licites, mais nécessaires, ne doivent pas être entravées par la loi. La transformation des produits est, en effet, une source de profit pour l'industrie et c'est grâce à elle, dont la science perfectionne chaque jour les procédés, que diminue la cherté de la vie et qu'augmente le bien être général.

Dès lors comment reconnaître les altérations permises de celles que la loi réprime ? On ne saurait mieux faire pour arriver à une solution satisfaisante que de reproduire les distinctions faites par M. Garraud (1).

D'après M. Garraud, il faut distinguer sur quel genre de produit porte le délit :

1° S'il s'agit d'un produit qui est consommé à l'état naturel (lait, café, œufs, etc.), il y a falsification, si on présente comme produit naturel un produit qui ne l'est plus, par suite de la transformation d'un de ses éléments ou de l'introduction dans ce produit de substances étrangères. Il est alors facile d'avoir un étalon dont on peut rapprocher le produit incriminé, pour décider s'il est ou non altéré.

2° S'il s'agit d'un produit consommé à l'état industriel, mais ayant un type défini, comme le beurre, le

____

(1) GARRAUD, *Traité de droit pénal*, t. V, p. 492.

chocolat, l'huile, la bière, les sirops, même le vin, ce type fixé par l'usage, le temps, la tradition, fournira le cadre d'où le fabricant ne pourra pas sortir. Le beurre, la bière, etc., qui s'écarteront de ce type ainsi fixé et devenu, par l'usage, un produit déterminé seront des produits falsifiés.

3° S'il s'agit de produits consommés à l'état industriel mais sans type défini, tels que le cacao, le pain d'épices, etc., la liberté, l'inspiration du fabricant aura un champ plus large. La sophistication ne commencera qu'au moment où on privera le produit d'éléments que son nom laissait entendre, ou bien, quand on l'additionnera de substances que ce nom ne pouvait faire prévoir.

Comme on le voit, les règles qui ont été posées sur les diverses modalités de l'altération matérielle punissable ne sont pas sans tempérament : « l'usage, le goût du public, les besoins de la consommation ou l'amélioration de la denrée en adoucissent l'application » (1). Le délit de falsification comme tout autre délit, comprend en effet, un élément intentionnel, en même temps qu'un élément matériel.

§ 2. — *Intention frauduleuse*

Il est inutile de reproduire ici, les explications, que nous avons fournies, en étudiant la tromperie, au sujet

(1) Ch. ROBÉ, *op. cit.*, p. 78.

de l'intention frauduleuse indispensable à la constitution d'un délit.

Du reste le mot de falsification comporte à lui seul, l'idée de fraude. Les discussions qui ont précédé les lois de 1851 et de 1905 sont très instructives à ce sujet. Le projet de la loi de 1851 contenait à la suite du mot « falsifieront », le mot « frauduleusement ». Le Parlement décida de supprimer ce dernier estimant « qu'il faisait double emploi avec le mot « falsifieront ». Le juge devra donc, toujours, au moment où la condamnation va être prononcée, rechercher l'intention frauduleuse de l'auteur.

Les rapporteurs ont particulièrement insistés sur cette question : « Le juge correctionnel doit apprécier les intentions, la bonne foi, les excuses, frapper la fraude et rien que la fraude ». Il appréciera « les degrés de responsabilité qui doivent appartenir aux divers agents auxiliaires d'un fait délictueux, le cas où cette responsabilité devra remonter du vendeur au fabricant, du détaillant au marchand qui lui à fourni ; les présomptions d'ignorance probable, surtout au milieu d'un commerce très actif, la présomption de connaissance et d'attention nécessaires, que toute profession suppose chez celui qui l'exerce ». « Il y a des mélanges qui, par leur but, leur notoriété, repoussent d'abord toute suspicion, » dit le rapporteur de 1855, et celui de 1905 ajoute que « si l'on ne parle pas d'intention frauduleuse dans la loi, c'est, que cette dernière est un élément du délit et qu'il est inutile de surcharger le texte » (1)

Ces diverses applications nous permettent de préciser maintenant les faits d'où découlera la preuve de l'intention frauduleuse. Ce sont notamment les dérogations aux usages commerciaux : Un même fait peut suivant le cas constituer ou non un délit. Ainsi les coupages qui sont tolérés, lorsque le but en est de bonifier les vins, deviendraient punissables, s'ils avaient pour but de tromper l'acheteur sur les qualités de la marchandise.

Mais la condition essentielle pour reconnaître la mauvaise foi est l'ignorance, dans laquelle le vendeur a laissé l'acheteur, de l'altération qu'a subie le produit : « Si l'acheteur accepte ce qu'on lui a déclaré être mélangé, et l'a payé en conséquence, la fraude disparaît. Mais c'est au vendeur à prouver ce fait exceptionnel, de même qu'un marchand d'animaux ne s'affranchirait de l'action rédhibitoire qu'en prouvant que l'acheteur a connu et accepté le vice caché de l'animal vendu » (2).

Pour éviter tout soupçon de falsification, le vendeur devra donc révéler à l'acheteur l'existence de l'altération (3). Il devra à cet effet, faire une déclaration claire et formelle. La différence entre le prix de la denrée fournie et celui de la denrée pure, et de compo-

(1) Ces diverses citations sont empruntées aux rapports des lois de 1851, 1855 et 1905.

(2) Rapport de la loi du 27 mars 1851.

(3) Voir plus loin l'exception en cas de nocuité des denrées alimentaires.

sition normale, qui a été demandée par l'acheteur, ne peut suffire à attirer l'attention de celui-ci d'une façon assez nette pour qu'il ne puisse pas prétendre avoir ignoré la falsification. On voit continuellement alléguer comme excuse par ceux qui mêlent de l'eau au lait, au vin ou aux autres boissons, par ceux qui ajoutent de la chicorée au café en poudre, etc., que le bas prix de la marchandise suffirait pour en révéler la nature ou la composition et écarter ainsi toute idée de tromperie. Il est même établi quelque fois que le bénéfice assuré aux marchands, dans le débit du vin par exemple, s'obtient exclusivement, au prix où il se vend, au moyen d'une addition d'eau qui diminue le prix de revient de la marchandise. Ce n'est pas à ces manipulations assurément, qu'on devrait appliquer le bénéfice des réserves que nous venons de signaler.

Il ne faut donc aucun équivoque. C'est là une règle générale, et la jurisprudence est unanime en ce sens. On verra plus tard que les lois spéciales et les règlements d'administration publique n'ont pas d'autre but que de déterminer les dénominations à employer par le vendeur afin d'éviter toute confusion.

Cette règle souffre cependant deux exceptions : La loi du 24 février 1894, interdit le mouillage des vins, même avoué à l'acheteur, pour éviter la tromperie qui peut subsister encore sur le degré de mouillage (1).

(1) La Cour d'Aix, confirmant des décisions du Tribunal de Marseille, avait solutionné la question dans un sens opposé par

D'autre part, il y a un cas où la jurisprudence reconnaît coupable le falsificateur même qui s'annoncerait comme fabricant de produits falsifiés ; il en est ainsi quand cet acheteur se propose lui-même de revendre de mauvaise foi les denrées affaiblies, autrement dit, quand la vente sera faite, non au consommateur, mais à un intermédiaire. La loi considère alors le falsificateur comme complice, en fournissant l'instrument du délit à ceux qui l'achètent pour le revendre (1).

§ III. — *Préjudice.*

La jurisprudence a de tout temps exigé comme élément constitutif du délit de falsification, l'existence d'un préjudice. Peu importe la gravité du préjudice. Il ne faudrait pas s'en tenir aux déclarations que M. Riché faisait dans son rapport, qui voulait que le préjudice fut d'une assez grande importance (2). La Cour de Cassation s'est toujours montrée d'un avis contraire dans ses arrêts (3).

deux arrêts du 1er mars 1907. Mais la Cour de Cassation, appelée à se prononcer, rendit, le 4 juillet 1907, un arrêt important cassant la décision de la Cour d'Aix.

(1) Cass. 20 juin 1885. — S. 85-1-333.

(2) M. Riché disait : Que pour que la falsification soit punissable, il fallait que la qualité de la marchandise livrée soit *notablement* inférieure ou sa valeur *considérablement* moindre, que la qualité ou la valeur promise. — D. 51-4-59, n° 18.

(3) Cass. 8 janv. 1897. — D. 97-1-600.

SECTION II

Différentes espèces de falsifications

———————

Les diverses falsifications peuvent se grouper sous plusieurs catégories, suivant que l'altération des produits est faite au moyen de tel ou tel procédés. On distingue :

1° Celles par mélange d'éléments étrangers aux éléments naturels des produits ; ou inversement par extraction du produit d'un ou plusieurs de ses éléments constitutifs ;

2° Celles par modification de l'aspect extérieur de la marchandise ;

3° Celles par substition, au produit, d'éléments autres que ses éléments naturels.

§ I — *Falsifications par mélange ou extraction.*

« Il est des mélanges, disait déjà le rapporteur de la loi du 5 mai 1855, qui par leur but, leur notoriété, repoussent d'abord toute suspicion ; ce sont les mélanges ou coupages qui réclament la conservation, la guérison, la clarification de la boisson, son appropriation au commerce, ceux que justifient les habitudes locales reconnues ou que la science peut enseigner dans un but légitime ».

Ces explications ont amené tous les auteurs à établir une distinction entre les mélanges utiles et tolérés, et les sophistications pratiquées dans une intention de fraude (1).

Toutefois, sur ce point délicat, on ne saurait trop se prémunir contre les exagérations. Les préparations autorisées se rapprochent tellement de celles que la fraude a inventées, et peuvent si facilement conduire à des abus, que l'obligation d'un usage commercial par le marchand ou le producteur qui sont reconnus avoir modifié l'état de leurs vins, ne doit pas toujours suffire et ne doit être accueilli qu'avec une excessive prudence. Les tribunaux recherchent donc ordinairement, si les modifications qu'on a fait subir au produit, lui ont été profitables, si elles ont été loyalement pratiquées, et si elles n'ont pas été dissimulées à l'acheteur dans les cas où il avait intérêt à les connaître.

La Cour Suprême a eu l'occasion d'énoncer ce principe, sous l'empire de la loi du 27 mars 1851 (2). « En l'espèce, il s'agissait de charcuterie contenant, en assez grande quantité, de l'acide borique, substance conservatrice des produits alimentaires. Le prévenu soutenait que l'introduction de l'acide borique dans sa marchan-

----

(1) Voir Rendu et Delorme, *Droit Industriel*, n° 1158. — Morin, *Journal Criminel*, art. 6473, n° 5. — Milion, p. 94. — Emion, n° 81.

(2) Cité par M. Popineau, aux *Lois Nouvelles*, 1907, p. 536.

dise, ne pouvait en dénaturer, ni même en altérer les éléments constitutifs, et que, n'ayant pour but ni pour effet de dissimuler l'infériorité de la nature ou de la qualité de la marchandise, un pareil fait ne pouvait être assimilé à une falsification au sens de la loi. La Cour de Cassation repoussa sa prétention, en décidant « qu'à raison de la généralité de ses termes, et sans s'arrêter aux conditions proposées aux moyens, est punissable la falsification résultant de tout mélange tendant frauduleusement à détériorer, au préjudice de l'acheteur, la marchandise énoncée ; …. que l'acide borique introduit pour la conservation des aliments est étranger aux éléments qui constituent les divers produits alimentaires, et que, d'autre part, même à petite dose, son ingestion peut, d'après certains hygiénistes, provoquer des troubles digestifs ; qu'il est ainsi constaté que l'introduction de l'acide borique dans la composition du produit incriminé a eu pour résultat de détériorer ce produit, au préjudice des acheteurs, circonstance qui, jointe à l'élément de fraude retenu dans l'arrêt, est constitutive de la qualification visée (1).

Un arrêt avait été, antérieurement, rendu dans le même sens par la Cour de Paris, au sujet de l'addition d'acide borique au beurre » (2).

(1) Cass. 24 mai 1901. — D. 1902, 1-438. — *Gaz. Pal.* 1901, 2-29.

(2) Paris, 6 nov. 1896. — D. 97-2-23. — Trib. Seine, 14 et 29 déc. 1905. — *Gaz. Pal.* 1905 — 2-634 et 1906 — 1-40. — *Contrà.* — CAEN, 25 janv. 1899. — D. 99-2-462.

On peut donc partir de ce principe que tout mélange tendant frauduleusement à détériorer au préjudice de l'acheteur la substance annoncée, constitue une falsification. Cette définition suppose nécessairement une altération des qualités essentielles de la marchandise, dans les éléments qui la composent, et un préjudice pour l'acheteur. On en déduira, *à contrario*, que toutes les fois que le mélange ne remplira pas ces conditions précises, il ne tombera pas sous le coup de la loi.

C'est ainsi, du reste, que l'a estimé un jugement tout récent du Tribunal de Quimper, qui relaxe un marchand prévenu de falsification pour avoir additionné son beurre d'une certaine quantité de fluorure de sodium : « Attendu que le fait d'additionner le beurre d'une quantité minime de fluorure de sodium, antiseptique, ne constitue pas une altération de la marchandise qui reste, avant comme après le mélange, un beurre pur, fait exclusivement avec du lait et de la crême ; cette addition ne cause aucun préjudice à l'acheteur, puisque cette préparation n'a d'autre but que de conserver au beurre sa saveur primitive » (1).

Au surplus, ni la loi de 1851 ni celle de 1905 n'ont prohibé d'une façon générale et absolue l'usage des antiseptiques employés pour la fabrication ou la conservation des denrées alimentaires (2).

(1) Quimper, 2 nov. 1907. — *Gaz. Pal.*, 19 nov. 1907.
(2) Voir à ce sujet un projet de loi de M. Cazeneuve du 27 juin 1907, ainsi que la loi du 9 juillet suivant, qui a été votée et qui a

En somme, il paraît aujourd'hui nettement établi que les mélanges dans lesquels on n'a pas oublié les proportions à observer, et qui n'ont porté aucune atteinte aux qualités essentielles et nutritives ne sont pas illicites, pourvu que toute intention frauduleuse en soit écartée, surtout quand ces mélanges ont pour but, soit la guérison, soit la conservation, soit la bonification des produits.

Ainsi les vins, laissent se développer des germes, qui sont la source de véritables maladies de cette boisson. On est alors obligé de recourir aux ressources de la chimie agricole, et on ne saurait qualifier ici de falsification, l'emploi de produits destinés à leur guérison, à la condition expresse, cependant, que les pratiques œnologiques soient strictement conformes à celles dont l'emploi est autorisé par les règlements d'administration publique.

Il en est de même de tous les mélanges qui constituent une amélioration du produit, et qui tournent à l'avantage de la marchandise, c'est-à-dire de ceux qu'on n'a aucun intérêt à dissimuler.

Les coupages de vins (1) de diverses provenances,

pour but de réglementer les traitements licites que l'on peut tolérer pour la fabrication et la conservation des denrées alimentaires ou boissons. (*Journal Officiel* des 28 juin et 10 juillet 1907).

(1) Le vin de lies pressées, est simplement un produit inférieur, on ne peut poursuivre, si la vente en est exempte de fraude. Les *piquettes*, non plus, car elles permettent d'utiliser,

les mélanges d'huiles de même nature, mais d'origine différente sont parfaitement licites, si l'on observe les réserves qui viennent d'être reproduites.

Par contre, il y aurait falsification dans le fait de livrer à un consommateur, acheteur d'une barrique de vin rouge, naturel et sans mélange de vin blanc, un vin composé de moitié de vin rouge et de moitié de vin blanc (1) ; ou encore dans la livraison d'huile d'olive mélangée avec de l'huile de graines à un acheteur d'huile d'olive vierge (Cour d'Aix, 6 fév. 1889).

On peut citer, comme délit de falsification : le mélange de 25 0/0 de matières féculentes dans la fabrication du chocolat (Crim. 20 juin 1885. — D. 86-1-232). Le mélange de l'acide salycilique à la bière, volontairement opéré de façon à altérer sa qualité par l'introduction d'un élément nouveau qui n'entre pas dans la fabrication ordinaire de cette boisson (Crim. 4 août 1888. — D. 89-1-128). Le mélange au poivre de subs-

au profit de ménages peu aisés, un produit qui renferme encore des éléments précieux. Mais elles ne peuvent être détournées de leur destination et employées pour le coupage des vins. Les vins sulfatés, ne sont pas non plus falsifiés, l'adjonction d'acides sulfureux, est un moyen de conservation indispensable pour la conservation de certains vins blancs ; mais se conformer pour le dosage à la loi de 1891 (Journal *Hygiène Moderne*).

(1) Cass. 27 fév. 1857. — D. 1857-1-410. — Cass. 24 juillet 1863. — D. 63-5-400.

tances étrangères, absolument inertes et sans valeur. (Crim. 13 mars 1884. — *Bull. Crim.* n° 76) (1).

Il en est de même du mélange fait à la farine d'os moulus, de cailloux blancs, de sable, plâtre, albâtre, craie, talc, etc. Un arrêt de la Cour de Lyon décide cependant que si la farine est inférieure par suite de graines étrangères mélangées naturellement au blé, il n'y a pas de falsification, si d'ailleurs cette farine n'est pas impropre à l'alimentation (2).

Le délit existerait également dans la mixtion d'une denrée de nature identique et de qualité notablement inférieure, de manière que le résultat de l'amalgame soit sensiblement moins propre à l'usage auquel la chose est destinée, aussi bien que dans l'introduction d'une denrée d'une autre nature (3).

(1) Cet arrêt déclare que « le fait de falsifier le poivre par le mélange d'une substance étrangère, absolument inerte et sans valeur et d'annoncer cette marchandise au public par des étiquettes mentionnant que « ce poivre est un mélange de poivres supérieurs et de substances aromatisées, composition qui se recommande par sa bonne qualité, sa force et son arome », constitue le délit de falsification de substances alimentaires prévu par la loi de 1851, l'annonce précitée n'étant pas de nature à éclairer les acheteurs sur la composition du mélange qui leur est offert.

(2) Lyon, 3 avril 1856. Pour constater la présence de substances minérales dans la farine, on place une petite quantité de farine suspecte dans un tube rempli de chloroforme.

(3) Ainsi quand l'huile d'olive est mélangée avec de l'huile de

Cependant certains mélanges, qui *a priori* paraissent tomber sous le coup de la loi, sont déclarés licites, ce sont ceux qui sont légitimés par des usages constants. Ainsi, il a été décidé que l'affaiblissement au moyen de l'addition d'une certaine quantité d'eau, de l'alcool livré à la consommation, afin de le fournir à un plus bas prix à la clientèle, d'après un usage constant dans une localité, ne constituerait pas une falsification (1). Dans le même ordre d'idées, le mélange, dans les années humides, loyalement fait et en doses très minimes, de farine de féverolles à la farine de fromen', peut être nécessaire à la bonne confection du pain, pour jouer le rôle de levure, et il n'y faudrait pas voir de falsification (2).

En résumé, on peut dire que, sont permis tous les mélanges non pernicieux, révélés par le nom de la marchandise ou avoués par le vendeur, légitimés par les usages de la fabrication ou les habitudes locales.

Mêmes réserves en ce qui concerne la falsification par extraction, c'est-à-dire par le procédé inverse du mélange. Il y aura délit toutes les fois seulement qu'on

même nature qui serait rance ou de qualité notablement inférieure. Un arrêt de la Cour de Dijon voit une falsification dans le fait de mélanger du beurre fondu avec du beurre frais. Dijon, 3 nov. 1897. — S. 97-1-147.

(1) Cass. 22 nov. 1860. — D. 60-5-413. —

(2) Cass. 22 av. 1854. — D. 84-1-213. — Dans le même ordre d'idée, Cass. 8 janv. 1897. — D. 97-1-600.

aura soustrait au produit un de ses éléments essentiels, par exemple, si on enlève à la farine le gluten ou si l'on écrème le lait (1). Mais il faudra alors que le produit ainsi modifié ait été vendu ou mis en vente pour un usage alimentaire, et non pour un usage industriel, en tout cas qu'il n'ait pas été acheté en raison de la modification qu'il a subie. M. Vaillant a donné à la Chambre un exemple saisissant de ces réserves et nous nous en tiendrons à ses déclarations : « Il y a un produit commercial, disait-il, avantageux et très connu surtout en Angleterre, le cacao X.., produit duquel on a retiré le plus possible de beurre de cacao et qui, vendu ainsi, rend la digestion plus facile que le cacao ordinaire, et est avantageusement consommé par les enfants et les personnes dont l'estomac est délicat. On a bien ici retiré partiellement une substance de valeur alimentaire, mais dans un but utile. C'est un produit défini, spécial, vendu précisément pour tel, et dans des conditions de publicité qui assurent la sincérité de la vente et qui garantissent la valeur de la marchandise. Il en est de même, somme toute, de toutes

______

(1) Il faut tenir compte, pour savoir si l'écremage du lait est une falsification, des usages locaux. Ainsi à Paris, le nom de *lait* est donné au lait écrémé, l'autre est dénommé *crème*, à tel point que ce qu'on appelle ailleurs *crème*, a dû être appelé spécialement *crème à thé* ou *crème épaisse*. Celui qui, à Paris, demande du lait, ne peut s'attendre qu'à recevoir du lait écrémé, et ne peut protester.

les ventes de marchandises dont la falsification est sin-
cèrement faite, dans un but déterminé, utile et pour
cela préféré par les consommateurs pour lesquels elles
sont fabriquées » (1).

§ II. — *Falsification par modification de l'aspect extérieur.*

La falsification résultera ici d'une manipulation ayant
pour but de donner à un produit inférieur ou avarié les
apparences d'une denrée de qualité supérieure ou simplement marchande. Par exemple : le fait de garnir le
sommet des sacs de blé, de pomme de terre ou de tout
autre denrée, d'une couche de ces denrées de qualité
supérieure à celles qui se trouvent en dessous.

Le « graissage » du blé donne lieu à une falsification
de ce genre : ce procédé consiste à graisser les grains
de blés ordinaires en les retournant avec une pelle
humectée d'huile d'amande, pour leur donner la physionomie du blé de qualité supérieure qui est très coulant
dans la main, sec et coloré.

Dans le commerce des fruits et légumes, certains
marchands placent à la partie supérieure de leurs sacs,
caisses ou paniers, une marchandise supérieure qui
recouvre des légumes, des fruits d'une qualité très
ordinaire et quelquefois même invendables. Cette fraude

(1) *J. Offic.* 9 déc. 1904, p. 2791.

constitue une falsification de denrées alimentaires. Il arrive aussi, à l'époque de l'arrivée des fruits secs nouveaux, que des marchands s'ingénient à donner à leurs fruits secs anciens, en les soumettant à l'action de la vapeur, ou de l'alcool ou en les revivifiant à l'aide de tout autre procédé, l'apparence passagère d'une marchandise fraîchement reçue, et réussissent par cette manœuvre à vendre, au même prix qu'une denrée de choix, un produit infiniment inférieur et réellement falsifié (1).

On doit ranger aussi dans le même mode de falsification, l'emploi de matières colorantes dans les boissons, par exemple, l'addition à la bière, au cidre et, en général, à toutes boissons ambrées de colorants végétaux ou minéraux souvent nocifs et dangereux ; de caramels rouges pour les vins, de teinture de safran, etc. Ces procédés n'ont, en effet, d'autre but que de donner à ces produits alimentaires une couleur qui leur donne l'apparence de plus de valeur (2).

Mais, il n'y aurait pas falsification, si, à l'exclusion

______

(1) Un autre procédé fut dénoncé par le Préfet du Lot-et-Garonne, dans une circulaire du 14 août 1858, sur l'industrie des prunes sèches. Certains industriels cueillaient les fruits avant leur maturité, de manière à leur procurer une apparence bien supérieure à celle que leur donne une fabrication loyale. Ce procédé constitue aussi une véritable falsification par modification de l'aspect extérieur.

(2) *J. Off.*, 17 déc. 1904, p. 3093 ; Cass., 2 déc. 1901 (D. 1902-1-48).

de toute coloration artificielle, la coloration obtenue
était naturelle et résultait de l'emploi et de la combinaison de matières constitutives du produit (1).

§ III. — *Falsification par substitution.*

Ce mode de falsification se pratique surtout sur certains produits qui ont, à l'état industriel, un type défini,
tels que : le chocolat, la bière, les sirops, les liqueurs.
Il y aura falsification toutes les fois qu'on s'écartera de
ce type.

Constitue une fraude, le remplacement par la saccharine d'une partie du sucre qui doit entrer dans la
composition de la limonade gazeuse (2), ou le fleurage
du pain par la sciure de bois substituée à la farine dite
« recoupe », ou encore le chapelage des matières
alimentaires par la substitution de certaines sciures à
la chapelure de pain, par exemple dans la charcuterie.

Un arrêt de la Cour de Cassation, du 20 Janvier 1900,
détermine les limites où ces procédés peuvent être
licites : « Un liquoriste avait fabriqué, sous le nom de
rhum, kirsch, cognac, absinthe, des spiritueux dans
lesquels les éléments qui les composent normalement,
par la macération ou la distillation, se trouvaient remplacés par des trois-six additionnés d'essence et de

(1) Cass., 27 oct. 1905. *Gaz. Pal.* 1906-1-119.
(2) Cass., 23 oct. 1902. (S. 1906-1-426).

matières colorantes. La Cour suprême y a vu une falsification, « Attendu, dit-elle, que la falsification des boissons consiste, non seulement dans la substitution d'éléments autres que ceux qui entrent dans leur composition normale ». La circonstance même, que le prévenu vendait à des débitants les produits ainsi dénommés, comme liqueurs de commerce, et à des prix inférieurs à ceux des rhum, kirsch, cognac et absinthe véritables, n'a pas paru de nature à faire écarter l'application de la loi.

« Sans doute, un commerçant peut fabriquer, licitement, des liqueurs diverses, en employant des éléments appropriés et qui ne sont point nuisibles ; mais il doit indiquer à ce consommateur que ce sont des liqueurs de fantaisie qu'il lui livrera, des pseudo-rhum, kirsch, cognac, absinthe, etc., et non pas des liqueurs véritables, dont les dénominations indiquent et précisent l'origine ainsi que les éléments qui doivent, notoirement, les composer. » (1).

Les mêmes procédés se rencontrent aussi pour les sirops. Très souvent, pour les livrer à bas prix on les fabrique d'après des formules dans lesquelles on a supprimé jusqu'à la substance même dont ils portent le nom. Ainsi, on a constaté que certains sirops vendus comme sirops de guimauve, de gomme ou de capillaire

____

(1) Cass., 20 janvier 1900. (D. 1900-1-273). Cité aux *Lois Nouvelles*, 1907, p. 539.

ne contenaient aucune de ces substances, remplacées qu'elles étaient par d'autres absolument étrangères, et que même le sucre ordinaire y était remplacé par du sucre de fécule ou de glucose.

Ces sirops sont évidemment des sirops falsifiés, lors-qu'ils sont mis en vente avec une étiquette qui leur donne une dénomination trompeuse, et lorsqu'ils ne sont fabriqués qu'en vue d'une contrefaçon déloyale des produits véritables.

SECTION III

Tromperie et falsification

Après les explications que nous venons de donner sur les falsifications, il devient facile, en se reportant à celles que nous avons fournies précédémment sur la tromperie, de déterminer quelle différence existe entre ces deux sortes de délits.

La tromperie nous apparaît surtout dans les rapports entre contractants, elle ne se manifeste que dans les échanges.

La falsification constitue plutôt un acte préparatoire de la tromperie. Elle existe en dehors de toute conven-tion, et c'est surtout l'intention de tromper, qui se

7

manifeste suffisamment par l'altération frauduleuse de la marchandise, que vise le législateur, en réprimant la falsification.

En poursuivant la tromperie, au contraire, il vise le résultat. En un mot, les mesures qu'il prend à l'encontre de la tromperie sont répressives, tandis qu'elles sont préventives en ce qui concerne la falsification.

Et c'est pour cela que l'on a pu dire que « sous les apparences d'une loi *répressive*, le législateur de 1905 a fait une loi de prévention de la fraude » (1).

SECTION IV

Exposition, mise en vente. Vente (2)

---

§ I. — *Faits visés par la loi*

1° *Exposition*. — La répression de l'exposition des marchandises falsifiées a été empruntée à la loi du 16 avril 1897 art. 1er sur les beurres. L'exposition est le

(1) Ch. GOSSET. *Répression des fraudes*, p. 147.

(2) *Art. 3*. Seront punis des peines portées à l'article 1er de la présente loi ..

2° Ceux qui exposeront, mettront en vente ou vendront des denrées servant à l'alimentation de l'homme ou des animaux, des boissons et des produits agricoles ou naturels qu'ils sauront être falsifiés ou corrompus ou toxiqués.

préliminaire de la mise en vente. Les produits sont exposés au public, sans que celui-ci soit encore admis à les acheter. Le cas était déjà prévu antérieurement à la loi bien qu'il n'y ait aucun texte formel. Un arrêt de 1844 a décidé que le fait d'apporter à la ville, pour le vendre, du lait falsifié, constitue une exposition en vente, en sorte que l'infraction doit être considérée comme consommée, en ce qui concerne les laitières, qui obligées à leur entrée dans la ville de soumettre aux vérifications de la police le lait apporté par elles, ont été reconnues avoir en leur possession du lait additionné d'eau.

2° *Mise en vente.* — C'est l'offre du produit à l'acheteur. Il y aura mise en vente; non seulement toutes les fois que la marchandise pourra être offerte aux yeux de l'acheteur, mais encore si l'objet à vendre se trouve dans l'arrière magasin et les autres dépendances de l'établissement, car ainsi placé il est en quelque sorte sous la main du vendeur qui peut les livrer à chaque instant (1). Toutefois il faut éviter de confondre la mise en vente avec les actes préparatoires de la vente ; une annonce insérée dans les journaux, par exemple, que telle marchandise sera vendue tel jour, à tel endroit déterminé, ne pourrait être considérée comme une mise en vente.

(1) Cass. 12 sept. 1846. D. 46. 1. 150. AGEN 17 janv. 1855. D. 55. 2. 151 ; Dall. *Repert.* V° *Vente de subst. fals.* p. 1053.

3° *Vente*. — C'est le seul contrat que la loi punit en cas de falsification, contrairement à ce qui a lieu pour la tromperie (1). Cependant, il faut prendre garde que la vente forme très souvent l'un des éléments de contrats portant une autre dénomination. La fraude qu'elle servirait à consommer devrait alors être punie. Ainsi l'apport en société constitue vis-à-vis de l'être moral de la société, une véritable vente, comportant l'application des dispositions qui répriment les fraudes relatives à l'application des choses vendues ou livrées. Par suite, la personne qui, à l'occasion de la formation d'une société en participation, pour l'écoulement des vins fabriqués dont il est propriétaire, fait porter ces vins, dans l'inventaire de son apport, comme étant d'une provenance déterminée, et ayant une valeur en rapport avec cette provenance, commet à l'égard de la société, le délit de vente de boissons falsifiées (Crim. 14 mai 1858. D. 58. 1. 232).

Il en est de même de l'apport de lait étendu d'eau, fait à une société fromagère, quand la nature des rapports sociaux donne à cette livraison le caractère de vente.

Une jurisprudence constante, soumet aussi à l'application de la loi, comme vente de substances falsifiées, la fourniture de celles-ci à des individus reçus à titre de pensionnaires dans des établissements d'éducation

____

(1) Voir ci-dessus. Ch. Ier, IIme partie.

ou dans des maisons de santé ou de retraite, car la vente paraît être l'un des éléments du contrat, en vertu duquel ces fournitures sont faites. Et cela bien qu'on ne reconnaisse pas le caractère commercial aux achats de denrées faits en vue de ces fournitures, en se fondant non sur ce qu'il n'y aurait pas de revente réelle, mais seulement sur ce que la revente de ces denrées, est un acte secondaire dans la profession d'instituteur ou de directeur de maison de santé (1).

La dation en paiement peut aussi être assimilée à la vente. Mais il en serait autrement du contrat de louage. (Cass. 5 fév. 1869.. D. 69. 1. 387).

§ II. — *Marchandises auxquelles s'appliquent ces dispositions*

1° *Exposition, mise en vente, vente de substances falsifiées, corrompues ou toxiques.* — La nouvelle loi réprime d'abord (art. 3) « l'exposition, la mise en vente, la vente « des denrées servant à l'alimentation de l'homme et des animaux, des boissons et des produits agricoles et naturels. » Nous nous trouvons dans ce texte en présence de deux innovations.

Avant la loi de 1851 sous l'empire du Code pénal le

____

(1) Dall. *Rep. Soc. ut.* 1052. Nancy 26 décembre 1859. D. 60. 4. 412. Toulouse 31 mars 1887. D. 888. 2. 221.

texte parlait seulement des « comestibles ». Dans
« comestibles » on entendait tout ce qui sert à l'alimentation de l'homme, les boissons comme les aliments, et
on jugeait, par exemple, pour l'application de l'article
475 § 14 du Code pénal, que le vin est un comestible (1).
Crim. 11 avril 1846. D. 46. 1. 141).

On comprenait également, sous la même désignation, non seulement les aliments proprement dits, mais
les substances avec lesquelles on les compose, telles
que les farines (Crim. 26 janvier 1838. D. *Repert. Loc.
cit.* p. 1069 note 1).

La loi de 1851 donne des désignations un peu plus
étendues « substances alimentaires et médicamenteuses, dit elle » (La loi de 1855 y ajouta les boissons),
mais elle laissait en dehors de ses prévisions la falsification de tous les produits qui ne peuvent être considérés comme servant à l'alimentation. La falsification,
en ce cas, n'était donc punissable que lorsqu'elle avait
altéré le produit assez complètement pour constituer
une tromperie sur la nature même de la marchandise.

---

(1) Un arrêt de la Ch. crim. du 11 avril 1846 (D. 46. 1. 141) déclare
que le vin est un comestible, et que sa vente et mise en vente
lorsqu'il est corrompu ou gâté doit être punie en vertu du § 14 de
l'art. 475 C. p. qui prévoit l'exposition en vente des comestibles
gâtés ou corrompus. Le § 6 de ce même article, ne réprimant la
vente ou la mise en vente que des vins falsifiés, le prévenu prétendait qu'il devait être acquitté, n'ayant pour sa part vendu que
du vin gâté.

La première innovation apportée par la loi de 1905, est d'avoir ajouté les denrées propres à l'alimentation des animaux, ainsi que les produits agricoles et naturels et d'avoir voulu accorder à ceux-ci une protection égale à celle dont jouissait déjà le commerce de l'alimentation contre la fraude (1).

La deuxième innovation est d'avoir retranché les substances médicamenteuses, nous verrons plus loin quels motifs ont occasionné cette modification.

Les marchandises protégées par le paragraphe 2 de l'article 3 sont donc les mêmes que celles énumérées sous le 1er paragraphe de cet article, relatif à la falsification proprement dite, sauf les substances médicamenteuses qui en ont été retranchées, pour former un 3me paragraphe. Ce sont : les denrées servant à l'alimentation de l'homme ou des animaux, les boissons, les produits agricoles, les produits naturels.

Les animaux vivants sont-ils des denrées alimentaires ? La question a été résolue négativement. Il a été jugé que la vente d'un animal, vivant, que le vendeur sait être atteint d'une maladie charbonneuse, devant amener promptement la mort de cet animal, ne constitue pas le délit de mise en vente d'une substance alimentaire corrompue encore que cette vente ait été faite à un boucher (2). Cette décision paraît, de prime abord,

(1) Voir exposé des motifs.
(2) Crim. 8 fév. 1856. D. 56. 1. 182.

quelque peu regrettable, car on s'aperçoit aisément des conséquences fâcheuses, qu'une vente faite dans ces conditions peut occasionner. Ce qui la justifie, cependant, c'est que le fait qui y est apprécié, est prévu expressément par les lois de police sanitaire.

Pour que la vente des substances que nous venons de désigner constitue un délit, il faut que celles-ci soient falsifiées, corrompues ou toxiques.

Nous savons, déjà, ce qu'il faut entendre par produits falsifiés et nous verrons plus loin (1) ce que c'est qu'un produit corrompu.

Nous dirons ici, cependant, au sujet de ceux-ci que l'on s'est demandé si la viande de boucherie provenant d'une bête morte de maladie ne doit pas être rangée dans la vente des substances corrompues. En effet, pour être propre à l'alimentation, la chair des animaux de boucherie, doit provenir d'un bétail sain et avoir subi, tout au moins, comme nous l'avons vu ci-dessus, la préparation d'un abattage sur pied. Si la mort de l'animal est due non à l'abattage, mais à la terminaison naturelle d'une maladie, il faut voir dans cette maladie ou altération de l'organisme, l'une de ces transformations spontanées qui font passer la chair de l'animal dans la classe des substances impropres à l'usage alimentaire (2).

(1) Voir Section V, ci-dessous.
(2) Limoges, 30 oct. 1896. D. 99. 2. 319.

Quant à l'expression : « substances toxiques » on doit y comprendre les substances malsaines, indigestes, constituant une mauvaise marchandise, quoique n'étant pas corrompues, c'est-à-dire, n'étant pas gâtées par la fermentation putride. Il en est ainsi, par exemple, des viandes tuberculeuses (1) ou provenant des animaux atteints de la morve, viandes qui peuvent produire des accidents si elles sont mal cuites ; elles ne sont pas corrompues, mais on doit les saisir comme toxiques. De même on ne peut accuser les champignons saisis d'être corrompus, mais ils sont toxiques ou douteux. « On pourrait encore trouver des exemples tout à fait probants, dans les conserves alimentaires renfermant du plomb, ou altérés par fermentation microbienne, les mollusques, huitres ou moules, ou encore dans certains fromages (2). »

Une circulaire du garde des sceaux du 4 septembre 1906, prescrit aux parquets d'exercer des poursuites contre ceux, qui exposent, mettent en vente ou vendent des haricots ou pois dits de Java, à raison de la dose d'acide cyanhydrique qu'ils peuvent fournir et qui les rend toxiques. De même pour les haricots ou pois de Birmanie, à moins qu'il ne soit justifié par un certificat

(1) Douai, 19 fév. 1907. *Gaz. Pal.* 1907. 1. 552.
(2) Ch. des dép. 1re séance 15 déc. 1904. *J. Off.* 16 p. 3055. M. CAZENEUVE.

d'analyse du laboratoire des douanes, de leur qualité marchande (1).

2° *Exposition, mise en vente, vente de substances médicamenteuses falsifiées* (2). — Par ce terme de substances médicamenteuses il faut comprendre aussi bien les substances liquides que les substances solides. La jurisprudence l'a reconnu depuis 1855, par un arrêt de la Cour de Cassation (14 avril 1855. D. 55. 1. 136). Cet arrêt se fonde sur ce que les substances médicamenteuses ne comportent pas, comme les substances alimentaires, la division en aliments et en boissons.

Doit-on y comprendre aussi les compositions hygiéniques ou de toilette ? La jurisprudence dit non, bien que leur mauvaise composition puisse avoir quelquefois des effets désastreux, ainsi que cela s'est rencontré pour certaines compositions destinées à la teinture des cheveux. L'esprit de la loi, qui a voulu avant tout protéger la santé publique, semblerait cependant exiger qu'on comprenne ici ces compositions dans l'expression de substances médicamenteuses, mais la jurisprudence est formelle.

Il est bien entendu, qu'il ne s'agit ici que des produits médicamenteux vendus par ceux que la loi auto-

(1) Trib. Seine 20 fév. 1907. D. 1907. 5. 24 *Gaz. Pal.*

(2) Art. 3. Seront punis des peines portées à l'article 1er de la présente lois....

3° Ceux qui exposeront, mettront en vente ou vendront des substances médicamenteuses falsifiées.

rise à cette vente, c'est-à-dire les pharmaciens. Il ne peut s'agir de produits vendus par les droguistes et qui peuvent être plus ou moins, non pas falsifiés, mais impurs.

L'exposition, la mise en vente, la vente des substances médicamenteuses falsifiées, à l'exclusion des substances de même genre corrompues ou mal préparées, sont seules interdites. La loi vise seulement les délits commerciaux, c'est-à-dire les actes accomplis dans l'intention de fraude en vue d'un bénéfice matériel. A côté de la responsabilité résultant de ces actes, il peut y en avoir d'autres infiniment plus graves : celles de l'homme qui met en danger la vie d'autrui par son incapacité professionnelle, elle se résout par des dommages-intérêts au point de vue civil ; celle plus grande encore du pharmacien coupable d'avoir préparé volontairement un produit nuisible, et ici nous tombons dans le domaine criminel. Mais alors ce n'est pas la loi de 1905, mais celle du 21 Germinal, an XI, qui entre en vigueur (1). D'autre part, la préparation, la vente et la distribution des virus atténués, des sérums thérapeuthiques, des toxines modifiées et produits analogues, pouvant servir à la prophylaxie et à la thérapeuthique des maladies contagieuses et des substances injectables d'origine

(1) Cette loi déclare : « Les produits mal préparés non détériorés, seront saisis à l'instant par le commissaire de police, il sera procédé ensuite, conformément aux lois et règlements actuellement existants.

organique non définies chimiquement, appliquées au traitement des affections aigües et chroniques sont régies par la loi spéciale des 25-26 avril 1895.

Et c'est précisément le caractère de ces substances qui a déterminé le législateur à les supprimer dans le paragraphe 2. Ce paragraphe parle, en effet, de subs-tances corrompues ou toxiques. Or il y a en pharmacie toute une série de substances toxiques qui ne sauraient tomber sous le coup de la loi, puisque la thérapeuthique active repose toute entière sur l'emploi rationnel et scientifique de ces toxiques.

Il est donc nécessaire pour que la vente, la mise en vente ou l'exposition des substances médicamenteuses soit punissable, que ces substances soient falsifiées.

3° *Exposition*, *vente*, *mise en vente des fruils et légumes frais*. — L'article 3 *in fine*, déclare que : « Les dispositions du présent article ne sont pas applicables aux fruits frais et légumes fermentés et corrompus ». Le projet du gouvernement ne faisait, lui, aucune dis-tinction. De vives protestations émanèrent des expédi-teurs commissionnaires en fruits et primeurs, et furent présentées à la Chambre des Députés par M. Coulon-dre.—Toutes tendaient à faire reconnaître que le com-merce de ces denrées, d'un caractère spécial, ne pou-vait, sans un grave préjudice pour cette branche, être soumis aux prescriptions de l'article 3. On faisait remarquer que des fruits et des légumes, en parfait état au moment de leur expédition, peuvent arriver à la suite d'un voyage fait dans de mauvaises conditions, en état de corruption ou de fermentation. Mais, ainsi avariés, ils ne sont pas inutilisables, et les intermédiaires des halles, sollicités à la fois par les demandes du marché et par le désir de limiter les pertes des expéditeurs, vendent ces marchandises à des acheteurs spéciaux, qui en connaissent l'état, en opèrent le triage, et les transforment soit par la cuisson, soit par la distillation.

Qu'adviendra-t-il, si l'on interdit la vente des fruits ou légumes avariés ? « Les intermédiaires, pour éviter une répression qu'ils prévoient par expérience, devoir être sans mesure, et pouvoir rendre compte aux expéditeurs de leur envoi, détruiront toute marchandise avariée après en avoir fait constater officiellement l'état. Ainsi, les producteurs perdront non seulement le prix de la marchandise, mais encore les frais de transport sans aucun profit. Bien plus, ils auront à supporter un préjudice moral et pécuniaire, qu'on ne manquera pas de leur faire, dans l'impossibilité où ils se trouveraient de faire constater l'état de la marchandise au départ, seul moyen d'établir véritablement leur bonne foi » (1).

On faisait encore remarquer que ces prescriptions de

(1) Extrait d'une lettre envoyée à la Chambre des Députés par M. Omer A. Decugis, président de la Chambre Syndicale des commissionnaires en fruits et primeurs, de Paris.

la loi étaient inutiles à l'encontre des fruits et légumes. Car il n'en est pas des agriculteurs comme des producteurs de matières alimentaires, qui peuvent falsifier leurs produits. Eux ne le peuvent pas, pour cette raison bien simple que si un producteur ou un expéditeur avait l'imprudence de mêler à des fruits sains des fruits avariés, c'est l'envoi tout entier qui serait contaminé et perdu. La mauvaise foi se rencontrera donc rarement chez le producteur et l'expéditeur. On ne les rencontrera pas davantage chez le vendeur, car l'acheteur peut toujours se rendre compte de la corruption de la marchandise et la mauvaise foi du vendeur paraît dans ce cas impossible.

La seule fraude que l'on pourrait rencontrer serait la mise en vente au panier, avec au-dessus un lot de jolis fruits et au-dessous des fruits corrumpus , « mais alors, dit le rapporteur de la loi, j'estime que l'article 1er pourrait encore être opérant et servir à réprimer cette fraude, parce que nous avons déterminé la signification du mot « identité » ; qu'un panier de fruits a une identité et que si les fruits ne sont pas identiques, les tribunaux peuvent encore appliquer l'article 1er » (1).

Le Parlement s'est laissé convaincre par ces arguments et la loi déclare qu'exceptionnellement aux autres denrées alimentaires, l'exposition, la mise en vente, la vente des fruits frais et légumes frais fermentés ou

(1) *J. Off.* 23 déc 1904, p. 3231.

corrompus ne sont pas soumises aux sanctions de l'article 3.

La loi ne touche pas, cependant, aux attributions de l'autorité municipale en matière d'hygiène. Le ministre de l'Agriculture le déclarait formellement : « Il y a toujours, disait-il, des garanties contre ceux qui tendraient à faire métier de vendre des fruits corrompus. Il resterait, en effet, contre eux, le règlement de police municipale, dont l'application dépend, à Paris, de M. le Préfet de police, auquel incombe la surveillance des halles et marchés et dans chacune de nos villes et communes de France, au maire de la localité ». Les arrêtés qui en résulteraient seraient parfaitement légaux. Il n'y aurait que la sanction qui différerait ; l'infraction à ces règlements ne serait plus un délit, mais une simple contravention à la disposition de l'art. 575, § 15 du Code Pénal, pour laquelle l'intention frauduleuse, c'est-à-dire la connaissance du vice de la marchandise ne serait pas exigée.

§ III. — *Intention frauduleuse.*

Le fait d'exposer, de mettre en vente, de vendre, ne peut être punissable s'il n'est accompagné d'une intention frauduleuse. L'exposant ou le vendeur devront connaître l'état de falsification, de corruption ou de toxicité du produit et le Tribunal le constatera dans son jugement (1).

Un commerçant peut très bien avoir dans son magasin des produits dont il ne soupçonne même pas l'état de falsification, nombre de produits lui sont, en effet, parvenus hermétiquement enfermés dans des boîtes ou des paniers, dont l'aspect extérieur ne révêle rien d'anormal. On ne pourra lui faire un grief de les avoir vendus. Il peut se faire aussi que servant d'intermédiaire entre le fabricant et le consommateur, les marchandises qu'il vend ne passent même pas par son magasin et il n'a pu juger de la qualité de la marchandise ; pas de délit non plus, en ce cas, à lui reprocher.

Mais dans la plupart des cas, « le vendeur, dit M. Riché, persuadera rarement qu'il ignorait les falsifications, quoiqu'aucune épreuve ne précède plus l'exercice d'une profession commerciale, ceux qui s'y livrent sont présumés avoir la connaissance et la vigilance qu'elle impose » (2).

Le vendeur sera donc présumé avoir connu la falsification. Et il ne peut pas suffire pour détruire cette présomption que le prévenu indique le nom du vendeur ou de l'expéditeur, il doit aussi démontrer qu'il y a identité entre la marchandise qu'il a vendue ou mise en

---

(1) Cass. 5 fév. 1858. — D. 58-1-230. — Trib. Corr. Toulouse 27 janv. 1906.— *Gaz. Trib. Midi*, 22 avril 1906. — Cass. 27 avril 1907. — *Bull. Crim.* 1907, n° 203.

(2) Rapport de la loi du 5 mai 1855. — D. 55-4-66.

vente et celle qu'il aurait reçue de la personne par lui
désignée. Autrement, il serait à craindre que la falsification étant bien le fait du dénonciateur, on ne fît retom-
ber sur l'expéditeur ou le vendeur la responsabilité
pénale d'une infraction que celui-ci n'aurait pas commise. Ainsi en a décidé un récent arrêt de la Cour de
Cassation en date du 21 novembre 1907 (*Gaz. Pal.* du
13 janv. 1908).

Il est à remarquer que si l'exposition, la mise en
vente des denrées falsifiées, corrompues ou toxiques,
n'est punissable qu'autant que celles-ci sont destinées à
l'alimentation, il ne s'ensuit pas qu'il suffira à un commerçant pour éluder la loi de déclarer, par exemple,
que les œufs corrompus qui se trouvent chez lui, sont
destinés à un usage industriel, il devra en apporter une
preuve précise.

A l'élément intentionnel doit se joindre, enfin, l'existence d'un préjudice.

SECTION V

De la corruption

C'est avec raison que le législateur assimile dans
l'article 3, la falsification et la corruption des divers
aliments. Quoique bien différentes l'une de l'autre, elles

ont cela de commun qu'elles consistent toutes deux dans une altération des principes essentiels et constitutifs de la denrée. Et s'il est vrai, qu'il y a impossibilité à établir en droit pénal, un délit de corruption, comme on peut établir celui de falsification, (car le temps, ou les influences atmosphériques sont les seuls facteurs de la corruption) il n'est pas moins certain qu'il se commet à l'occasion de cette dernière des fraudes qui sont tout aussi condamnables que celles qui se commettent au moyen de falsifications.

En effet, l'état de corruption, pour les substances qui ne se conservent que très peu de temps, provient souvent de l'obstination du marchand à refuser la vente pour atteindre un prix plus élevé. La détérioration dont il est menacé, l'arrête rarement dans ses calculs, parcequ'il espère parvenir souvent à écouler la marchandise corrompue, en la substituant adroitement à la marchandise fraîche achetée et payée par l'acheteur, ou en la dissimulant dans la livraison au fond de sacs ou de paniers, qui présentent à la partie supérieure une marchandise saine et livrable.

Ce sont là des abus qu'il est nécessaire de réprimer.

Le degré de corruption punissable est une question d'appréciation des tribunaux. Le rapporteur de 1905 a essayé, sans y parvenir du reste, de le déterminer exactement en définissant la corruption. « Le mot corruption, dit-il, en matière alimentaire se comprend très bien. Il y a corruption toutes les fois qu'une marchandise présentée comme produit alimentaire ne peut pas servir à l'alimentation ; que cette corruption vienne du voyage, ou de toute autre cause impossible à déterminer exactement, l'impossibilité de faire usage du produit fixera l'application de cette qualification » (1)

Dalloz n'est pas plus heureux quand il dit : Que la corruption « est ce degré d'altération produit par les lois naturelles de la fermentation et de la décomposition, à partir duquel une substance cesse d'être recherchée pour un usage alimentaire ».

Il faudra donc s'en référer aux habitudes locales et aux « indications fournies par la science de l'hygiène » (2) pour discerner quel sera au juste ce degré d'altération punissable.

Il est des denrées alimentaires, qui malgré leur état avancé de fermentation, sont acceptées par quelques consommateurs, bien qu'elles soient repoussées par le plus grand nombre ; sans parler du gibier on peut citer certaines espèces de fromages, etc. L'achat fait avec connaissance de l'état particulier de la marchandise peut seul en faire excuser la vente, et le marchand sera tenu de prévenir l'acheteur, à peine d'être considéré comme vendeur d'une substance corrompue ; en vain il objecterait que la substance n'est ni nuisible, ni corrompue pour tout le monde (3).

(1) *J. Off*. du 25 nov. 1904 p. 2634.
(2) DALLOZ, *Jurisp. gén. Vente de subst. falsif.* p. 1047.
(3) DALLOZ, *Loc. cit.*

On doit tenir compte aussi d'une manière générale que l'état de corruption des denrées ne les rend pas inutilisables et que celles-ci peuvent être encore vendues ; mais à la condition qu'elles soient achetées pour un tout autre usage que celui de l'alimentation. Ainsi en sera-t-il par exemple, lorsqu'un industriel en fera l'acquisition pour les transformer en alcool, elles perdront alors leur caractère de denrées alimentaires, de produit agricole, et deviendront un produit industriel par suite de la transformation d'ordre scientifique qu'elles subissent.

Il n'est pas nécessaire pour que le délit existe que la substance soit devenue nuisible. Bien avant la présente loi, la jurisprudence était fixée là-dessus, et on a toujours jugé qu'il suffisait pour que la vente ou mise en vente fut une infraction que la substance fut atteinte d'un seul des vices différents qu'indiquaient les désignations de la loi : falsification, corruption, nocuité.

Ajoutons, pour être complet, que pour que l'état de corruption soit punissable, il faut une intention frauduleuse. Tant que le marchand dont les produits s'écoulent difficilement, ne se sera pas aperçu de leur état de corruption il sera de bonne foi et ne commettra pas de délit. Mais il devient coupable si, s'étant aperçu de cette altération, il vend encore le produit pour un usage alimentaire. C'est ce que M. Riché précisait en ces termes : « La loi assimile à la marchandise falsifiée celle que, malgré la découverte d'une corruption spontanée ou accidentelle, la cupidité aura persisté à vendre ou à vouloir vendre. A l'instant où le débitant s'aperçoit de cette altération nuisible, il est coupable s'il destine encore la substance alimentaire ou le médicament au commerce. Puisque la perte résultant de la détérioration doit tomber sur quelqu'un, elle doit s'arrêter au marchand, qui, n'étant pas le consommateur, n'éprouvera qu'un dommage pécuniaire, et que l'attention à laquelle sa profession l'oblige pourrait souvent préserver de tout dommage. » (1)

SECTION VI

Produits propres à effectuer la falsification (2)

§ 1° *Exposition, mise en vente, vente*

« Il faut prévoir et réprimer, disait M. Sarraut à la tribune de la Chambre, à côté de la fraude accomplie, ou en voie d'accomplissement, ce que j'appellerai l'ex-

(1) Avant la loi de 1851, le Code pénal punissait (art. 459 et s) correctionnellement « celui qui compromet en vendant ou même en ne sequestrant pas son animal malade, la santé des bestiaux », il n'était que justice que la loi s'occupa aussi de la santé de l'homme.

(2) Art. 3. Seront punis des peines portées à l'article 1er de la présente loi...

4° Ceux qui exposeront, mettront en vente ou vendront, sous

citation, la provocation à la fraude, caractérisée par le négoce d'une catégorie d'industriels qui fabriquent, proposent, vendent des produits au moyen desquels les professionnels de la fraude falsifient les denrées alimentaires ou trompent l'acheteur, par des imitations frauduleuses sur la nature du produit vendu. »

Les effets néfastes de la fraude se produisent surtout par la fabrication de boissons factices, soit par l'addition à des produits naturels d'ingrédients, de mixtures, de colorants ou d'acides considérés comme nuisibles à la santé publique, ou comme susceptibles de favoriser la tromperie sur la nature des produits vendus.

Pour le mouillage des vins, par exemple, on relève en couleur le vin additionné d'eau, avec des matières colorantes, on y ajoute un peu d'alcool et le vin ainsi altéré prend l'aspect du vin naturel ; il n'y aurait guère qu'un chimiste qui pourrait constater que l'addition d'eau a appauvri le vin en matériaux fixes, affaibli le poids de l'extrait sec et des sels. Encore ceux qui mouillent n'ont-ils plus maintenant à s'inquiéter même du chimiste. Les œnologistes ne leur fournissent-ils pas les moyens de réparer cet appauvrissement et

forme indiquant leur destination, des produits propres à effectuer la falsification des denrées servant à l'alimentation de l'homme et des animaux, des boissons et des produits agricoles ou naturels et ceux qui auront provoqué à leur emploi, par le moyen de brochures, circulaires, prospectus, affiches, annonces ou instructions quelconques.

cet affaiblissement, et de constituer un vin qui défiera les analyses les plus expertes (1), avec une multitude de mixture et de médecines, de sérums et d'antiseptiques, dans la composition desquels entrent avec la saccharine des fluorures, des fluoborates ou des alcalis, notamment l'acide sulfurique, colorée par le caramel, l'acide borique, l'acide salicylique. Ces produits vendus sous le nom de bonificateurs, régénérateurs, antiseptiques, compensateurs, conservateurs, antiacides, etc., ne parviennent qu'à donner des compositions d'où se trouvent exclues les matières essentielles et constitutives des denrées ou boissons que l'on imite. En voici quelques formules :

Vins artificiels. — On en fabrique avec une certaine poudre, de vin « concentré » et des boures, dont le prix de revient est de 7 centimes le litre.

Vin rouge. — Sucre, amidon de composition mystérieuse, formé de fruits teinturiers et de sels constitutifs de vin, de boure et de colle liquide.

Cidre. — Raisins secs, pommes sèches, sucre, baies de genièvre et enfin composition principale, la dose d'arome conservateur du cidre.

Poiré. — Même formule sauf à remplacer les pommes sèches par des poires également sèches.

(1) L'audace des œnologistes va jusqu'à présenter ces produits, comme permettant de mouiller les vins sans que la fraude soit découverte et « conformes aux exigences du comité d'hygiène ».

Sucrage des vins. — Au moyen d'un produit dit glucose, qui n'est autre que de la fécule traitée par l'acide sulfurique.

Bordeaux, Bourgogne, Pomard, etc. imitation frauduleuse des plus grands crus au moyen d'essences et de sèves presque toujours composées d'éther et d'huile de pépins.

Par des produits identiques on donne aux eaux-de-vie le bouquet particulier du *Cognac,* de l'*Armagnac,* de la *Fine Champagne,* etc.

Et il en est de même pour presque toutes les denrées et les substances qui servent à l'alimentation des hommes et des animaux.

Le législateur a jugé nécessaire de réprimer l'exposition, la mise en vente, la vente de ces produits. Avant 1905 pour punir celui qui se rendait coupable de ces faits, il fallait qu'il y ait eu constatation du délit. Alors en remontant à l'origine de la falsification on pouvait poursuivre comme complices ceux qui avaient fourni les moyens d'accomplir la fraude ; mais dans la majorité des cas, on ne remontait jamais si haut.

« Actuellement il n'est pas nécessaire que le délit ait été accompli. La fraude est tarie dans sa source ; c'est l'occasion du délit qu'on vise, en empêchant le commerce frauduleux de ceux qui provoquent à le commettre » (1).

(1) M. SARRAUT, *J. Off.,* 17 déc. 1904. p. 3097. Un décret du 15 déc. 1813 article 11, défendait cependant à toutes personnes

Il y a cependant une ventilation à faire au sujet de ces produits. La loi ne réprime que la vente, la mise en vente ou l'exposition, *sous forme indiquant leur destination*, des produits propres à effectuer la falsification. On ne peut donc *englober* dans ce texte, par exemple, toutes les matières colorantes ; il y a des industries licites, nécessaires et louables, qui ne doivent pas y être comprises. Telles sont les industries de matières propres à teindre le coton, la laine, la soie, etc. Il ne s'agit pas, en effet, par ces prescriptions de porter atteinte au droit légitime des fabricants de produits chimiques, d'écouler les substances qu'ils fabriquent. Le fabricant, le vendeur de ces produits, ne peut être *à priori* soupçonné d'encourager la fraude. Mais supposons qu'il mette de l'acide salicylique dans un petit flacon, avec une étiquette indiquant que le produit est destiné à être introduit dans le vin, celui-là commettra une faute. De même, l'acide borique peut servir à falsifier les beurres, mais on ne peut cependant pas empêcher un industriel d'en fabriquer qui sera destiné, sous forme de borate de soude à empeser les chemises.

faisant le commerce de vins à Paris, non seulement de falsifier ces boissons mais encore « d'avoir dans leurs caves, celliers et « autres parties de leur domicile ou magasins des cidres, bières, « poirés, sirops, mélasse, bois de teinture, vin de lie pressée, « eaux colorées et préparées, et aucunes matières propres à fabriquer, falsifier, mixtionner les vins ».

La destination frauduleuse du produit sera suffisamment démontrée, soit par les étiquettes, soit par les mentions révélatrices apposées sur les flacons, boîtes ou paquets. Elle sera aussi évidente par les révélations de correspondances, de la saisie de substances falsifiées avec ce produit etc. etc. ; ainsi que le décide un jugement du Tribunal de la Seine du 13 février 1907. (*Gaz. Pal.*, 25 fév. 1907).

Ces dispositions ne s'appliquent pas aux substances médicamenteuses, et elles ne prévoient pas d'autres contrats que la vente, ou l'une des conventions assimilables à celle-ci.

Les employés, ou auteurs de ce délit seront s'ils sont de mauvaise foi, considérés comme complices de leur patron, auteur de ce délit que l'article 3 n° 4 a érigé en délit principal.

§ II — *Provocation à l'emploi.*

La nouvelle loi érige également en délit principal, un autre fait, qui n'était autrefois punissable qu'en vertu des règles de la complicité, c'est celui de provocation, d'une manière quelconque, à l'emploi des produits propres à effectuer la falsification. L'indication que ce produit ne doit servir qu'à la coloration, etc., des boissons de la consommation personnelle de l'acheteur ne met pas à l'abri de la loi, car si le particulier a le droit de boire ce qu'il veut, il ne s'ensuit pas que la vente de ces produits pour un usage personnel soit moins nuisible, plus recommandable. Pourquoi alors la laisser libre, sans surveillance, sans contrôle.

C'est dans ce but que le texte punit la provocation à l'emploi de ces produits, soit au moyen de brochures, circulaires, prospectus, affiches, annonces ou d'instructions quelconques, mettant ainsi un frein à de véritables abus (1).

Ces dispositions s'appliquent, que la provocation ait été ou non suivie d'effet.

Que doit-il advenir lorsque la provocation est faite par l'intermédiaire de la presse ? On sait que la loi du 29 juillet 1881 réprime, dans son article 23, la provocation aux crimes et délits par les moyens qu'elle indique, comme complicité de ces crimes et délits et autant que la provocation a été suivie d'effet. Quelle solution admettre lorsque la provocation à la falsification au moyen de la presse, n'aura pas été suivie d'effet ? Nous ne croyons pas que la disposition de l'art. 23 de la loi de 1881 fasse échec au principe posé par la loi du 1ᵉʳ août 1905 (2).

---

(1) « Un pharmacien de l'Ouest envoyait des circulaires ainsi conçues : « Je viens vous proposer un produit pour faire du cidre. L'extrait dont je parle n'a aucun rapport avec les produits de ce genre La boisson qu'il donne a exactement le goût du cidre, et tout le monde sans exception la prend pour le cidre fait avec des pommes ». (Lechevallier, 9 déc. 1904, p. 552.

(2) *Lois Nouvelles*, 1907, p. 2939.

« On comprendrait mal, en effet, dit M. Popineau, que la provocation à la falsification, même non suivie d'effet, fut réprimée, quand elle s'adresse à un nombre restreint de personnes, à une seule au besoin, et tolérée faisant appel par la voie de la presse, au grand public ».

Disons, enfin, que l'art. 3, n° 4, ne punit que l'exposition, la mise en vente, la vente des produits propres à la falsification, la provocation à leur emploi, à l'exclusion de leur fabrication qui ne pourrait être poursuivie que par application des règles de complicité, conformément au droit commun.

SECTION VII

Circonstances aggravantes (1)

Les circonstances que la loi déclare aggravantes à la falsification et à la corruption sont : la nocuité et, (sauf pour les substances médicamenteuses) la toxicité des produits.

(1) Art. 3, § 5 : Si la substance falsifiée ou corrompue est nuisible à la santé de l'homme ou des animaux ou si elle est toxique, de même si la substance médicamenteuse falsifiée est nuisible à la santé de l'homme ou des animaux, l'emprisonnement devra être appliqué. Il sera de trois mois à deux ans et l'amende de cinq cents francs (500 fr.) à dix mille francs (10.000 fr).

La législation antérieure à 1851 ne reconnaissait pas le même caractère de gravité à ces deux vices. Elle mettait la vente des substances nuisibles au même rang que celles des substances simplement falsifiées ou corrompues. Mais on a estimé avec juste raison depuis 1851, que si la fraude est toujours condamnable, elle devient criminelle lorsque ses effets peuvent porter atteinte à la santé et à la vie des personnes qui en sont victimes ; et le législateur d'alors comme celui de 1905, a décidé que la vente des denrées falsifiées ou corrompues qui seraient nuisibles ou toxiques, seraient plus sévèrement réprimées que les autres, toutes les fois cependant que le délinquant aurait connu le vice spécial de la substance mise en vente ou vendue.

Devra-t-on, comme sous l'empire de la loi de 1851, déclarer que pour que la circonstance aggravante soit réalisée, il suffit qu'on ait introduit dans un aliment ou une boisson, comme élément de sophistication, une substance nuisible à la santé, sans qu'il soit nécessaire que le produit lui-même constitue un produit nuisible ? Se servir de telles substances est, en effet, un véritable danger, car rien ne garantit que le mélange sera complètement effectué. La substance peut, sous une influence ou une autre, se détacher et se déposer, et il peut se faire ainsi qu'une portion du mélange, sinon le tout, soit réellement nuisible à la santé.

Ajoutons que tel mélange qui ne produit pas d'effets pernicieux lorsqu'on n'en consomme qu'une petite quantité, finit par occasionner des malaises ou des indispositions, si on en fait régulièrement usage ; que tel autre qui est inoffensif pour une personne robuste, devient malfaisant pour une personne faible. La mission de l'expert ne doit donc pas être en cette matière, de se borner à donner son avis sur le plus ou moins de nocuité du mélange, il doit surtout s'expliquer sur les propriétés inoffensives ou malfaisantes des substances dont il a constaté la présence dans le produit soumis à son examen.

Une ordonnance de police du Châtelet de Paris du 10 octobre 1742, sur l'exercice de la profession de confiseur, traiteur, etc., et un décret du 15 décembre 1813 sur la fabrication du vinaigre se prononçaient en ce sens. Un arrêt de la Cour de Cassation du 4 avril 1835 réprime l'usage du minium ou cinabre pour lustrer le chocolat, encore qu'il fut établi, que quelques personnes en avaient usé sans éprouver d'accident.

La nouvelle loi est sur ce point moins sévère. Il suffit pour s'en convaincre de faire une comparaison de texte.

L'article 2 § 1 de la loi du 27 mars 1851, parlait de *mixtions* nuisibles à la santé, d'autre part, l'article 3, § 2 de la même loi, relatif à la détention de substances falsifiées, visait les *substances* nuisibles à la santé. Il y avait donc lieu, ainsi que l'expose Dalloz, de faire la distinction suivante : « L'aggravation pénale de l'art. 2 atteint le falsificateur et le fait d'une mise en vente ou

vente, par cela seul, que dans les éléments de la marchandise, il s'en trouve un qui est de nature à nuire à
la santé, alors même que, en fait et par suite de circonstances quelconques, le résultat du mélange ne serait
pas en réalité nuisible. Au contraire, l'aggravation
pénale établie contre le détenteur par l'art. 3, est
subordonnée à la nocuité réelle de ce mélange » (1).

Or, on remarquera que dans l'art. 3 de la loi de 1905,
où il est sujet de vente et mise en vente illicite comme
dans l'article 4, § 7, où l'on parle de détention interdite, il n'est fait mention que de *substances* falsifiées
ou corrompues *nuisibles* à la santé. On ne peut mieux
dire qu'il ne suffit plus que certains éléments de ces
substances soient par eux-mêmes nuisibles si, dans
leur ensemble, ces substances ne décèlent point un
caractère de nocuité.

La jurisprudence considère comme nuisible à la santé :
l'addition dans les boissons de fushine ou rouge d'ani-
line (Paris, 15 juin 1874. — Nancy, 10 janv. 1877.
— Nîmes, 4 mai 1877. — D. 77-2-209) ; de produits à
base de nitro-benzine (Cass. 18 nov. 1880. — D.
81-1-139) ; l'addition d'acide sulfurique dans les vins ;
du sel d'étain dans le pain d'épice ; de l'acide ben-

---

(1) *Code pénal*, DALLOZ, loi du 27 mars 1851, article 3, numé-
ros 100 et 101.

zoïque et de la saccharine dans les aliments ou boissons, etc. (1).

SECTION VIII

De la connaissance par l'acquéreur du vice du produit

Cette connaissance est-elle de nature à écarter l'application des peines édictées par la loi ? Il faut faire une distinction suivant que la marchandise est ou non destinée à être revendue.

Dans ce dernier cas, le vendeur ne pourra être considéré comme fraudeur, par contre, dans le premier cas, sa responsabilité restera entière (Crim. 20 juin 1885. — D. 86-1-232).

Le fait, par exemple, de vendre des boissons falsifiées à un commerçant, qui doit les revendre lui-même et les livre ainsi frauduleusement au commerce et à la circulation, constitue le délit prévu par la loi (Crim. 22 juill. 1869. — D. 70-1-45). Mais quand le produit, dont l'état falsifié a été déclaré à l'acheteur lors de la vente qui lui en a été faite, ne lui a pas été vendu pour être

(1) Voir circulaires ministérielles du 18 déc. 1880. — Bull. Min. Just, 1890, p. 458, 17 juin 1992 ; Bull. 1892, p. 51, 16 octobre 1888 ; Bull. 1888, p. 230.

livré à la circulation, la vente cesse, d'une manière absolue, d'être considérée comme délictueuse (Crim. 22 nov. 1860. — D. 60-5-414).

C'est au vendeur, qui excipe de l'avertissement, par lui donné à l'acheteur, de la falsification du produit vendu, à rapporter la preuve de ce fait exceptionnel. Cet avertissement ne peut avoir d'effet qu'autant qu'il a été clairement porté à la connaissance de l'acheteur, c'est ainsi que cette connaissance ne saurait résulter notamment du bas prix de la marchandise, vendue ou mise en vente.

La loi de 1905 a en outre prévu un cas, où cette connaissance de l'acheteur ne pourrait jamais être un obstacle à l'application des peines qu'elle édicte. Le §7 de son art. 3 est, en effet, ainsi conçu : « Les peines seront applicables même au cas où la falsification nuisible serait connue de l'acheteur ».

Quelle interprétation donner à ce texte ? S'applique-t-il seulement aux substances *falsifiées nuisibles*, ou doit-on encore l'étendre aux substances *corrompues* nuisibles ou toxiques.

La question nous paraît devoir être solutionnée par une extension très large du texte, pour les raisons tout à fait convaincante que donne M. Popineau, procureur de la République à Chateauroux, dans son étude (1) sur la loi de 1905 et qu'on peut résumer ainsi :

(1) *Lois Nouvelles,* 1907, p. 559.

1° Tout d'abord, l'esprit de la loi qui, manifestement, a voulu avant tout protéger la santé publique et ne pas se contenter d'assurer la loyauté des transactions. Or, la santé publique n'est-elle pas atteinte quand on livre à la consommation un produit nuisible à la santé, que ce produit soit falsifié, corrompu ou toxique.

2° La place même occupée par notre paragraphe à la suite, immédiatement, de la disposition de l'art. 3, à laquelle elle est intimement liée, qui aggrave la pénalité au regard des substances nuisibles à la santé, non seu-lement falsifiées, mais corrompues ou toxiques.

3° Le § 7 de l'art. 3 de la loi du 1ᵉʳ août 1905, n'est autre que la reproduction littérale du § 2 de l'art. 2 de la loi du 27 mars 1851. Or, le § 1ᵉʳ du même article affectait d'une aggravation de peine, uniquement la marchandise falsifiée par des mixtions nuisibles à la santé et, dans le même cas, le § 2 corollaire du précé-dent appliquait la peine, ainsi aggravée, même quand la falsification nuisible était connue de l'acheteur ou du consommateur. Le législateur de 1905 a reproduit litté-ralement cette disposition, mais, en oubliant que dans le § 6 de l'art. 3, il avait étendu l'aggravation de peine à la substance corrompue et nuisible, et à la substance toxique.

SECTION IX

Tentative de falsification

A défaut de texte, la tentative de falsification n'est pas punissable. Toute personne, donc, qui serait surprise au moment où elle se disposerait à falsifier des produits alimentaires ou des substances médicamenteuses, ne pourrait se voir poursuivre, sauf, bien entendu, à appliquer, le cas échéant, les dispositions de l'art. 4, § 6, en ce qui concerne les peines visant la détention de produits propres à effectuer la falsification.

CHAPITRE III

De la Détention

La détention est punie moins sévèrement que la vente ou la mise en vente. Il y a donc un grand intérêt à les distinguer les unes des autres.

Bien qu'il soit difficile d'énoncer sur ce point un critérium, tant la diversité des espèces peut les faire varier, on peut cependant déclarer qu'il y a simplement détention toutes les fois que la marchandise est à l'état brut, contrairement aux cas où elle a reçu les préparations qui permettent de la vendre, et par exemple, qu'elle a été mise en paquets prêts à être livrés. « Tant que le danger d'une livraison n'existe pas, dit Dalloz, le juge ne doit punir que la détention. » (1) Cette distinction est du reste conforme aux principes généraux de toute législation pénale, qui ne permettent pas qu'on punisse à l'égal du délit tenté ou consommé, les simples actes préparatoires.

(1) *Jurisp. gén.* Dalloz. *Ventes de subst. fals.*, p. 1053.

SECTION I

Locaux où la détention est illicite.

La loi du 27 mars 1851 prévoyait seulement les magasins, les boutiques, les ateliers ou maisons de commerce du détenteur, les halles, foires ou marchés. Une controverse s'était élevée dans la Jurisprudence au sujet des entrepôts, des abattoirs et leurs dépendances et des gares. Pour trancher le différent, M. Perroche avait proposé de supprimer, dans la loi de 1905, toute énumération. La Chambre rejeta cet amendement sur les instances du rapporteur qui faisait remarquer qu'une pareille disposition donnerait aux agents de l'administration un droit révoltant, de perquisition, en leur permettant de pénétrer même dans les domiciles privés (1).

La loi nouvelle a donc ajouté à l'ancienne énumération, les locaux qui jusqu'alors avaient donné lieu à contestation. Elle prévoit même, dans un paragraphe suivant, le cas où la détention aurait lieu dans des « voitures servant au commerce » ce qui implique qu'elle vise aussi bien les marchands ambulants que les commerçants sédentaires.

(1) *Ch. dép.*, 16 fév. 1905, *J. off.* 17, p. 360 et 361.

Cette énumération, comme toujours en droit pénal, est limitative. Et comme le faisait remarquer le rapporteur, elle ne concerne pas les appartements particuliers. Cependant, a observé la Cour suprême « restreindre ces termes : magasins, ateliers, en ne les appliquant qu'aux magasins, ateliers, ordinaires et habituels, serait méconnaître l'esprit et le but de la loi, et ouvrir un moyen facile de l'éluder, par le dépôt ou la préparation, dans des lieux autres que le magasin ou l'atelier ordinaire, des marchandises et substances falsifiées ou corrompues, d'où elles ne seraient enlevées qu'au moment le plus favorable, pour les livrer au consommateur, en trompant la surveillance des agents de l'autorité ; le lieu où une substance est préparée ou déposée pour être mise ensuite en vente devient, par cela seul, un atelier, un magasin ». Cass. 23 août, 1855. D. 59, 5,396. — Trib, Seine, 13 fév. 1907. Gaz. Pal. 24-25 fév. 1907.

Notons encore que le décret du 31 Juillet 1906 range les ports de départ et d'arrivée à la suite des gares.

SECTION II

Choses dont la détention est illicite.

Le projet du gouvernement de 1898 ne comprenait que la détention : 1° de poids ou mesures faux et d'appareils inexacts servant au pesage, au mesurage ou au dosage des marchandises ; 2° des denrées servant à l'alimentation de l'homme ou des animaux des produits agricoles ou naturels qu'ils savaient être falsifiés ou corrompus.

Mais on s'est avisé, par la suite, que frapper la détention, c'était atteindre par avance l'usage illicite de certaines choses, que pourrait en faire ultérieurement le détenteur. Dès lors, il importait d'interdire la détention de toute chose qui pouvait donner matière à un délit prévu par la présente loi.

En conséquence est punissable la détention : 1° de poids ou mesures fausses, ou autres appareils inexacts servant au pesage ou au mesurage des marchandises. Ne pas confondre cette disposition avec l'article 479 du Code pénal, qui punit de peines de simple police la détention de poids ou mesures autres que celles conformes au système métrique ; 2° les denrées servant à l'alimentation de l'homme ou des animaux, les boissons, les produits agricoles, les produits naturels falsifiés, corrompus ou toxiques ; 3° les substances médicamenteuses falsifiées ; 4° les produits, sous forme indiquant leur destination, propres à effectuer la falsification des denrées servant à l'alimentation de l'homme ou des animaux, ou des produits agricoles ou naturels. — « On remarquera que ce texte n'a pas mentionné les produits destinés à falsifier les boissons, et nous verrons que le règlement d'administration publique du 3 septembre 1907, qui, dans ses articles 2, § 3 et 8, vise l'exposition, la mise en vente et la vente des produits propres à falsifier les vins et eaux-de-vie ou spiritueux, est muet également sur leur simple détention ». — Devant la crainte, que l'on semble avoir, de causer un grave préjudice à l'industrie chimique, on a eu le soin de proclamer que le texte des articles 3 n° 4, et 4. § 8 ne visait que « les produits évidemment destinés à la « falsification. » (1).

Pour les mêmes motifs que ci-dessus, la détention, pas plus que la vente ou la mise en vente des fruits frais et légumes frais fermentés ou corrompus n'est punissable (2).

SECTION III

Motifs légitimes.

La détention n'est punissable qu'autant qu'elle existe « sans motifs légitimes » — « Ces mots ont été maintenus dans la nouvelle législation à cause des graves inconvénients qui auraient pu résulter de leur suppression. En effet, il y a des cas, dans lesquels en dépit de la détention matérielle des objets dont il s'agit, la bonne foi du détenteur peut être établie. Il faut qu'il lui soit

(1) *Ch. dép.* 16 fév. 1905. *J. off.* du 17, p. 361.
(2) Voir ci-dessus Deuxième partie, Chap. II, Section IV.

permis de le prouver malgré la présomption qui résulte de la possession desdits objets. » (Sénat 24 janv. 1899, *J. off.* 25, p, 33.)

Le détenteur des objets dénommés par la loi est donc présumé être de mauvaise foi. Ce sera à lui, contrairement à ce qui a lieu en cas de mise en vente ou de vente, à rapporter la preuve de sa bonne foi. Le ministère public peut poursuivre sans avoir à faire la preuve, et il n'y a que les motifs légitimes, invoqués par l'inculpé, qui peuvent mettre ce dernier à l'abri des poursuites.

En ce qui concerne plus particulièrement les poids et mesures, ou les appareils faux ou inexacts. « La présomption, a dit au Sénat le président de la commission, résulte de la possession desdits objets. » Et la Cour de Cassation ajoute : « La détention, d'un appareil inexact, sans motifs légitimes, en magasin, fabrique ou atelier, constitue un fait punissable, indépendamment de toute idée de tromperie et abstraction faite de toute vente, il importe peu que l'appareil de pesage, reconnu inexact, ait été déjà vérifié ou poinçonné, ou que l'inexactitude de l'appareil provienne de l'addition d'un corps étranger, sans l'intention de le fausser, ou que le fait soit accidentel ou permanent. » (1).

(1) *Sénat* 24 janv. 1899. *J. off.* 25, p. 33, et Cass. 5 juil. 1890. D. 91, 1. 143.

Quant aux denrées alimentaires falsifiées, corrompues ou toxiques, leur détention n'est punissable qu'autant que le détenteur connaissait leur vice : « Qu'ils savaient être falsifiées », dit le paragraphe 4. On trouve dans les débats parlementaires un exemple de motifs légitimes : « Une marchandise a été reçue ce matin. Le négociant n'a pas eu le temps d'examiner si, à l'analyse, elle a donné les qualités substentielles qu'elle doit avoir, ou si elle a été falsifiée. Un agent de l'autorité se présente et prend un échantillon de cette marchandise. Il est bien certain qu'il y a une différence entre le détenteur dont je parle, et celui, qui, huit jours après, alors qu'il aura pu examiner cette marchandise à loisir, ainsi que le devoir de sa profession l'y oblige, et reconnu qu'elle était falsifiée, l'exposera et la mettra en vente. » (1re séance 8 déc. 1904, *J. off.* 9, p. 2940.)

Il pourrait même exister des motifs légitimes de la possession, malgré la connaissance du vice des objets possédés, par exemple : l'existence d'un recours justifié, contre un précédent vendeur, ou l'habitude reconnue de vendre de tels mélanges, sous une dénomination indiquant leur composition réelle, ou la transformation de ces objets telle qu'ils fussent devenus évidemment impropres à toute espèce de vente pour l'alimentation de l'homme et des animaux.

SECTION IV

Circonstances aggravantes.

———

Ce sont les mêmes que celles que la loi reconnaît à la vente ou à la mise en vente, avec cette différence, cependant que, comme pour la détention simple, la connaissance nécessaire pour constituer l'aggravation de la nocuité ou de la toxicité, sera présumée chez le détenteur.

Le législateur a eu l'intention d'établir une corrélation entre le paragraphe 7 de l'article 4 et le paragraphe 6 de l'article 3. Cependant, l'article 4 § 7 commence par ces mots « si les substances *alimentaires* falsifiées ou corrompues... » tandis que l'article 3 § 6 porte : « Si la substance falsifiée ou corrompue... » Cette différence de rédaction provient certainement de ce que le rapporteur a oublié la suppression du mot *alimentaire* qui avait été opérée dans l'article 3 sur sa demande (1).

———

(1) Voir observation du rapporteur et de **M.** Cazeneuve, 16 fév. 1905. Ch. des dép. *J. off.* 17, p. 361 et 362.

CHAPITRE IV

Pénalités. — Sursis. — Récidive

SECTION I

Pénalités

Il suffit de comparer le texte de la loi de 1905 avec celui des lois antérieures, pour se rendre compte de la rigueur avec laquelle le législateur a sévi à l'encontre des fraudeurs.

Le rapporteur de la loi en donnait les raisons suivantes : « En l'état actuel, les peines demeurent sans application sérieuse C'est à leur insuffisance que l'on doit peut-être attribuer, pour une grande part, l'impuissance depuis si longtemps signalée de la répression devant le progrès des fraudes et des falsifications. La loi du 27 mars 1851, qui pourtant vise une répression plus efficace, se contente de renvoyer à l'art. 423 du Code pénal. Or, cet article fixe l'amende à 50 francs et ne permet au tribunal d'en élever le taux à un chiffre supérieur qu'en calculant le montant des restitutions et des dommages-intérêts, dont l'amende prononcée ne doit jamais dépasser le quart.

« Ce calcul, dont les éléments doivent être fixés par le jugement pour justifier l'application d'une amende supérieure à 50 francs, est souvent difficile, quelquefois impossible. Dans bien des cas, en effet, la police judiciaire n'a opéré que des prélèvements et n'a saisi que des échantillons sans valeur des substances falsifiées. Des difficultés naissent encore, pour ce calcul, de ce que la loi de 1851 punit des tentatives et de simples mises en vente, alors que l'art. 423 ne punissait que des délits consommés D'autre part, les tribunaux, en cette ma· tière, ne se décident qu'avec une réserve qui s'explique par bien des motifs, à prononcer des peines corporelles. Ils se trouvent réduits à n'appliquer qu'une amende dérisoire à des fraudes, pouvant rapporter à leur auteur des bénéfices illicites considérables. Ainsi s'explique le long défilé, que relatent chaque jour les journaux judiciaires, de condamnations n'appliquant aux fraudes les plus diverses que l'amende unique de 50 francs » (1).

C'est pour remédier à cet état de chose, que le législateur de 1905 a très sensiblement élevé le taux des amendes et augmenté la durée de l'emprisonnement, encourus par les personnes convaincues de fraude.

On s'était cependant beaucoup élevé dès la première

____

(1) *Doc. Parl.* Sénat. — *J. Off.* 1898, p. 408.

séance, à la Chambre des députés, contre la sévérité de ces peines, mais il fut observé que si on les compare à celles inscrites dans les lois étrangères, on trouve qu'elles sont encore moins rigoureuses. En Belgique, par exemple, non seulement les peines d'amendes et de prison sont plus élevées, mais encore on peut, en vertu du règlement d'administration publique, supprimer la patente au commerçant pris en flagrant délit de fraude. En Allemagne, on va même plus loin et, outre l'amende et la prison, on prévoit en certains cas la réclusion et les travaux forcés à perpétuité.

Du reste, M. Mougeot, ministre de l'Agriculture a, d'un seul mot, expliqué l'esprit de la loi de 1905 : « Point de pitié pour les fraudeurs, s'est-il écrié. Nous avons le désir formel, ajoutait-il, de punir rigoureusement la fraude et par là, de la prévenir dans une large mesure. Notre but n'est pas seulement de frapper les faits délictueux accomplis, mais aussi de prévenir la fraude par la perspective de la sévérité des sanctions pénales ; nous voulons que ceux qui auraient l'intention de frauder, voient un intérêt plus grand à ne pas commettre l'acte répréhensible qu'ils se proposent, en considérant la gravité des peines qu'ils peuvent encourir. Nous pensons ainsi faire œuvre aussi morale que possible en pareille matière, et nous pouvons nous résumer par le mot : il vaut mieux prévenir que punir » (1).

(1) *Ch. dép.* 17 nov. 1904. — *J. Off.* du 18, p. 2488.

Pour étudier ces différentes peines, on peut les diviser en trois classes : 1°, les peines qui s'attaquent à la personne du fraudeur ou à sa bourse (emprisonnement et amende) ; 2°, les peines qui ne portent que sur la marchandise viciée (confiscation, effusion et bris) ; 3°, les peines qui atteignent la considération du fraudeur (affichage et insertion dans les journaux). Nous n'examinerons ici que les deux premières classes, nous réservant de voir plus spécialement l'affichage dans un chapitre suivant.

§ I. — *Emprisonnements et amendes.*

La durée de l'emprisonnement et le taux des amendes varient suivant la nature du délit.

1° En cas de tromperie (art. 1), le quantum de la peine d'emprisonnement est demeuré le même que celui de l'art. 423 du Code pénal, il reste fixé de trois mois à un an.

L'amende peut varier de 100 francs à 5.000 francs. Le juge a la faculté d'infliger l'une de ces deux peines seulement.

S'il y a des circonstances aggravantes (art. 2), l'emprisonnement pourra être porté à deux ans.

2° Les mêmes peines (c'est-à-dire emprisonnement de trois mois à un an et amende de 100 francs à 5.000 francs ou l'une des deux peines seulement), seront infligées à ceux qui se seront rendus coupables des délits suivants :

— Falsification de denrées alimentaires, substances médicamenteuses, boissons, produits agricoles ou naturels (art. 3, n° 1).

— Exposition, mise en vente, vente de denrées alimentaires, boissons, produits agricoles ou naturels, falsifiés ou corrompus (art. 3, n° 2).

— Exposition, mise en vente, vente de substances médicamenteuses falsifiées (art. 3, n° 3).

— Exposition, mise en vente, vente de produits propres à effectuer la falsification (art. 3, n° 4).

— Provocation à l'emploi de ces produits.

En cas de circonstances aggravantes, l'emprisonnement pourra être porté à deux ans, de plus, l'amende sera de cinq cents francs (500 fr.) à dix mille francs (10.000 fr.)

3° Pour les cas de détention, les peines sont, comme nous l'avons dit, moins sévères. L'amende sera de cinquante francs (50 fr.) à trois mille francs (3.000 fr.) et l'emprisonnement de six jours à trois mois. Même faculté pour le juge d'appliquer l'une de ces deux peines seulement.

S'il y a des circonstances aggravantes, l'emprisonnement devra être appliqué et il pourra être porté à un an, l'amende sera de cent francs (100 fr.) à cinq mille francs (5.000 fr)

Répartition des amendes. — L'art. 9 du projet de

1898 portait que les 2/3 du produit des amendes scraient attribués aux communes dans lesquelles les délits auraient été constatés.

Le ministre des Finances demanda à la commission de la Chambre des Députés (1899) de le modifier ainsi: « Les amendes prononcées en vertu de la présente loi, seront réparties d'après les règles tracées à l'art. 11 de la loi de finances du 26 décembre 1890, modifiée par l'art. 45 de la loi de finances du 29 avril 1893 et par l'art. 83 de la loi de finances du 15 avril 1898 ».

La commission refusa d'abord, cependant, sur de nouvelles instances du même ministre et sur l'invitation du gouvernement, ce dernier texte fut adopté et voté.

Il résulte donc de l'art. 9, que les amendes prononcées en vertu de la présente loi, sont réparties conformément au droit commun, c'est-à-dire 20 0/0 à l'Etat et 80 0/0 au fonds commun.

§ II. — *Confiscation.*

La confiscation nous apparaît sous un double aspect, tantôt elle est accessoire, tantôt elle constitue une mesure de police ou de salubrité publique.

Si elle est accessoire, elle doit nécessairement accompagner une peine. Elle aura particulièrement ce cáractère, lorsque la marchandise ou la denrée qui en est l'objet n'a rien d'illicite ou de dangereux en soi.

10

Si c'est une mesure de police, si, par exemple, elle a pour but de retirer de la circulation des denrées nuisibles à la santé publique, elle pourra être ordonnée même si le prévenu a été acquitté en raison de sa bonne foi (1).

M. Garraud fait observer dans une note sous un jugement du Tribunal Correctionnel de Lyon, que la confiscation peut avoir lieu sans aucune distinction dès que la possession des objets incriminés est dangereuse ou illicite. Il nous semble pourtant que ce savant auteur va un peu loin quand il estime que l'inculpé reconnu de bonne foi par le juge après une information régulière, doit être renvoyé devant la juridiction correctionnelle afin que la confiscation soit au moins prononcée par le Tribunal.

N'y a-t-il pas lieu de se demander, au contraire, si les principes de notre droit pénal ne s'opposent pas au renvoi devant une juridiction de répression, d'une personne n'ayant commis aucune infraction aux lois ? On pourrait aussi bien tout concilier en faisant prononcer la confiscation par le tribunal correctionnel, sur requête que lui présenterait le ministère public.

Objets atteints. — L'article 6 s'exprime ainsi : « Les objets dont la vente, usage ou détention, constituent un

______

(1) Cass. 3 janv. 1857. — D. 57-1-77. — Trib. Lyon, 10 juin 1886. — D. 89-3-55 et les observations de M. Garraud sous ce jugement.

délit s'ils appartiennent encore au vendeur ou détenteur, seront confisqués, les poids et autres instruments
de pesage, mesurage ou dosage faux ou inexacts seront
également confisqués.... ».

Cette expression « objets » doit s'entendre de tout ce
qui peut avoir donné lieu à l'application des délits, soit
reproduits dans la présente loi, soit créés par cette dernière. Elle s'étend, en outre, à toutes les marchandises
prévues par l'art. 423 du Code pénal antérieurement à
la présente loi.

La confiscation doit comprendre non seulement
l'échantillon fraudé, mais encore la marchandise entière, objet de la contravention (Douai, 16 déc. 1868.
— D. 70-2-56).

Cependant, par analogie avec l'art. 4, § 6 de la loi de
1905, relatif à la détention illicite, on ne peut pas prononcer la confiscation des substances amenées dans un
magasin en vue de procéder à l'opération, non encore
effectuée du coupage. La jurisprudence s'était depuis
longtemps prononcée en ce sens. (Cass. 21 mars 1857.
— D. 58-1-475).

Contrairement à ce qui avait été admis jusqu'alors
en doctrine et en jurisprudence (1), la saisie préalable
n'est pas nécessaire pour que la peine accessoire de la
confiscation soit prononcée, la saisie du corps du délit

(1) CHAUVEAU et FAUSTIN-HÉLIE, *Théorie du Code pénal*,
3ᵉ édit., t. IV, p. 72. — Cass. 9 janv. 1852. — D. 52-1-63.

rend simplement la confiscation obligatoire. La loi édicte cependant une condition, il faut que les objets « appartiennent encore au vendeur ou détenteur » (article 6, § 1er).

Remarquons ici que le mot « vendeur » n'est pas assez large, en ce qui concerne la tromperie nous savons en effet, qu'en cette matière c'est « contractant » qu'il faut lire.

Quant aux tiers, la confiscation n'est point admise entre leurs mains, sauf, si ces tiers eux-mêmes, étaient à leur tour, coupables du délit de détention ou bien s'il s'agissait d'un contrat frauduleux. (Cass. 15 mai 1856. D. 56-1-287(,

Conséquences de la confiscation

·Elles varient suivant le caractère d'utilité ou de nocuité des objets confisqués.

On n'aura donc plus aujourd'hui, comme sous la loi de 1851, à rechercher si ceux-ci sont propres ou impropres à un usage alimentaire ou médical, il suffira qu'ils soient utilisables d'une manière quelconque pour que remise en soit faite à l'administration, qui les attribuera aux établissements d'assistance publique (1) (art. 6. § 2). Il en sera ainsi par exemple, quand la dénaturation d'une marchandise est de nature à la rendre utilisable.

(1) *Ch. dép.*, 16 fév. 1905. *J. Off.* 17. p. 368.

Si les marchandises sont inutilisables ou nuisibles, elles seront détruites ou répandues. Cette destruction ou cette effusion pourra avoir lieu devant l'établissement ou le domicile du condamné.

Ces opérations seront faites au frais de ce dernier. Un doute subsiste, pour le cas ou la confiscation et l'effusion auraient été faites alors que le prévenu aurait été acquitté. Un jugement du Tribunal correctionnel de Lyon, du 16 juin 1886 (D. 89-3-55), déclare que les frais doivent être, même en ce cas, supportés par le prévenu. Cependant M. Garraud est loin d'être de cet avis, et l'expression de « condamné » dont s'est servi le législateur semble lui donner raison, car « on ne voit pas, comment le juge baserait une condamnation aux frais, alors que le délit, descendant, pour ainsi dire, de la personne à la chose, la chose reste coupable, tandis que la personne est déclarée innocente » (1).

Les poids et instruments de pesage, mesurage, dosage faux ou inexacts, confisqués doivent toujours être brisés (§ 4).

---

(1) Note de Garraud, sous trib. Lyon. (D. 1889-3-55).

SECTION II

Circonstances atténuantes. — Sursis

L'article 8 paragraphe 2 déclare appliquable aux délits prévus par la présente loi, l'article 463 du Code pénal, relatif aux circonstances atténuantes, même au cas de récidive conformément au droit commun.

Le paragraphe 4 du même article permet l'application de la loi du 26 mars 1891, qui autorise le tribunal à prononcer le sursis à l'exercice des peines correctionnelles, au cas de première condamnation.

La loi de 1905 fait cependant une exception pour les peines d'amende, qui ne pourront bénéficier de cette faveur. Cette disposition a été vivement critiquée par M. G. Berry qui trouvait inadmissible de refuser le sursis à un simple fraudeur, alors qu'on l'accorde à un criminel, même à un assassin. Le Parlement passa outre estimant que : « Cette dérogation se justifie, à la fois par l'esprit de la loi du 26 mars 1891, dont les effets salutaires s'attachent surtout au sursis prononcé pour la première condamnation à l'emprisonnement, et par la nécessité d'arriver à une répression efficace des peines d'amende, que les tribunaux pourront désormais proportionner à la gravité des délits en cette matière. Il faut remarquer, à cet égard, qu'une nouvelle condamnation encourue dans les cinq ans, ne fait perdre le bénéfice du sursis, que lorsque l'emprisonnement est prononcé. Il s'ensuit que les peines pécuniaires, pour lesquelles le sursis a été accordé, peuvent ne jamais être exécutées, même après des condamnations nouvelles, intervenues dans les cinq ans ; il suffit que les tribunaux, comme ils l'ont fait à diverses reprises se contentent de prononcer, successivement des peines d'amende, sans recourir à l'application d'une peine corporelle » (1).

SECTION III

De la Récidive

L'article 5 de la loi de 1905 trace pour la récidive des règles générales, mises en concordance avec le texte nouveau de l'article 58 du Code pénal, modifié par la loi du 26 mars 1891, et la jurisprudence qui l'a interprété.

L'ancien article 58 du Code pénal sur lequel la loi du 27 mars 1851 s'était réglée, visait la récidive de délit à délit. Cette récidive qui permettait de prononcer le double du maximum de la peine présentait un double

(1) Rapport 1898. *Sénat*, doc. parl. *J. Off.* du 19 juin 1898.

caractère. D'une part, elle n'existait qu'autant que le premier délit avait entraîné une condamnation supérieure à une année d'emprisonnement. D'autre part, elle était indépendante de la nature du second délit commis, elle n'exigeait pas l'identité d'infraction.

La première innovation apportée à l'article 58 § 1er par la loi du 26 mars 1891, consiste à exiger pour la récidive, l'identité des infractions. De générale la récidive est devenue spéciale (1).

Ainsi les délits de vol, escroquerie, abus de confiance sont considérés, comme étant au point de vue de la récidive un même délit ; il en est de même des délits de vagabondage et de mendicité, mais on ne saurait assimiler au vol, à l'escroquerie, à l'abus de confiance, les délits de vagabondage et de mendicité qui sont seulement assimilés entre eux (2).

Nous avons vu, en outre, que le Code pénal n'aggravait pas la peine de l'individu qui commettait un nouveau délit après avoir été condamné à une peine inférieure à un an d'emprisonnement. Le nouvel art. 52 § 2 comblé cette lacune.

(1) Sur la spécialité du délit pour la récidive V. GARRAUD. *Traité de droit pénal français.* T. 3. p. 108, et un arrêt Cass 23 nov. 1894. (*Pandectes franc.* 95. 1. 156).

(2) Crim. 5 juin 1886. D. 8. 1, 351. Crim. 22 fév. 1895. D. 96. 1. 137. Paris 6 avril 1891. D. 91. D. 297. Crim. 21 juil. 1893. *Bull. Crim.* n° 199.

D'après ce paragraphe, ceux qui, ayant été antérieurement condamnés à une peine d'emprisonnement de moindre durée, commettront le même délit dans les mêmes conditions de temps, seront condamnés à une peine d'emprisonnement qui ne pourra être inférieure au double de celle précédemment prononcée, sans toutefois qu'elle puisse dépasser le double du maximum de la peine encourue. C'est ce qu'on appelle : la « petite récidive ». Elle se différencie de la « grande » en ce que cette dernière entraîne nécessairement comme minimum le maximum de la peine portée par la loi pour le nouveau délit, et peut donner lieu à l'interdiction de séjour.

Telles sont les nouvelles règles de la récidive auxquelles sont soumis les délits prévus par la loi du 5 août 1905.

Quels seront alors, pour le cas qui nous intéresse, les délits qui auront l'identité nécessaire pour donner lieu à la récidive.

L'article le dit formellement ; la récidive pourra être constituée, non seulement pour une nouvelle infraction à la présente loi, commise dans les cinq ans qui suivront la précédente condamnation ; mais encore par toute autre infraction, par toute autre condamnation encourue dans la même période, pour les délits de même nature prévus par les législations spéciales sur les fraudes, dans les engrais (loi du 4 février 1888), les vins, cidres et poirés (Lois des 14 août 1889, 11 juillet

1891, 24 juillet 1894, 6 avril 1897) ; les sérums théra-peutiques (loi du 25 avril 1895) ; les beurres (loi du 16 avril 1897) ; la saccharine (art. 49 et 53 de la loi du 30 mars 1902) ; les sucres (loi du 28 janvier 1903 art. 7 ; loi du 31 mars 1903, art. 32).

Il est inadmissible, en effet, que la multiplicité des lois spéciales permette à un fraudeur d'habitude d'en-courir successivement des condamnations, dans les diverses fraudes du commerce, réglementées par des lois spéciales, sans que les condamnations puissent être retenues pour les constituer en état de récidive à l'occa-sion d'un nouveau délit dans l'application de la loi générale.

Il en résulte que les délits prévus par la présente loi et par les lois spéciales mentionnées ci-dessus sont considérés comme étant, au point de vue de la récidive, un même délit, ainsi que le portait un amendement de M. de Castelnau, retiré par son auteur à qui la nouvelle rédaction de la commission donnait satisfaction.

Le texte de l'article 5 *in fine* n'est cependant pas sans soulever quelques difficultés. « Au cas de récidive, dit-il, les peines d'emprisonnement et d'affichage devront être appliquées ». Mêmes difficultés en ce qui concerne l'article 4 qui exige l'application de l'emprisonnement en cas de circonstances aggravantes. Or on faisait remarquer à la Chambre des députés que dans certaines circonstances l'article 4 prévoit une peine très sévère et exige que les tribunaux appliquent la peine de l'empri sonnement ; il y a cependant des cas où des individus tomberont sous le coup de l'article 4 et où il faudrait laisser aux tribunaux la faculté de ne les frapper que d'une peine d'amende.

C'est à tort que l'on s'est plaint de ces dispositions car elles n'excluent pas l'application de l'article 463 du Code pénal. De sorte que, même en cas de récidive, où la sanction prévue est l'emprisonnement, les tribunaux pourront, s'ils admettent les circonstances atténuantes abaisser la peine jusqu'au minimum, c'est-à-dire 16 francs d'amende.

Mais lorsqu'ils en décideront autrement quand ils apprécieront qu'il n'y a pas lieu de faire bénéficier l'inculpé de l'article 463 du Code pénal, alors seulement la peine d'emprisonnement sera appliquée.

Il y a donc conciliation parfaite, entre les principes posés à l'article 4 et à l'article 8. Il en est de même pour l'article 5. Le rapporteur de la loi, déclarait sur ce point : « Cela veut dire qu'à chacun des délits examinés correspond une peine particulière. Mais l'article 8 (1) qui règle d'une façon générale, l'application des peines, porte dans son premier paragraphe ces 2 lignes : « L'article 463 du Code pénal sera applicable même en

____

(1) Art. 8... L'article 463 du C. p. sera applicable, même au cas de récidive, aux délits prévus par la présente loi. Le tribunal, en cas de circonstances atténuantes, pourra ne pas ordonner l'affichage et ne pas appliquer l'emprisonnement...

cas de récidive, aux délits prévus par la présente loi. »

Si l'article 463 du Code pénal, s'applique au cas de récidive, qui est très grave dans la situation d'un pré-venu, *à fortiori*, quand, dans le cas de l'article 4 les circonstances atténuantes auront été reconnues, le tribunal pourra ne pas ordonner la peine d'emprisonnement.

L'article 8 ne fait donc que compléter les articles 4 et 5, et ce qui peut nous confirmer dans cette idée c'est que lors des débats parlementaires, le rapporteur de la loi et le ministre de l'agriculture avaient admis sur l'instance de certains députés et pour éviter l'équivoque qu'on ajouta à « l'emprisonnement devra être appliqué » les mots « sauf circonstances atténuantes ». Or ces mots furent ensuite supprimés sous prétexte qu'ils surchargeaient inutilement le texte. (*J. off*. 23 décembre 1904, p. 3238 et 3239).

SECTION IV

Sanction des règlements d'administration publique

Les pénalités afférentes aux règlements d'administration publique prévus par l'article 11 de la loi de 1905, consistent en une amende de 16 à 50 francs (article 13).

Bien que ce même article 13 ne porte aucune mention en ce qui concerne l'application des circonstances atténuantes, il ne fait pas de doute, comme le faisait remarquer le rapporteur à la Chambre, que celles-ci ne puissent être admises (1).

Il en serait de même pour la loi de sursis, visée au § 4, de l'article 8.

Quant à la récidive, elle est très distincte de celle de l'article 5 relative aux délits prévus par la loi. L'art. 13 prévoit pour les règlements d'administration publique deux sortes de récidives. La récidive dans l'année de la première condamnation pour laquelle les peines sont de 50 à 500 francs d'amende ; et la récidive résultant d'une nouvelle condamnation constatée dans l'année qui suit la deuxième, qui donne lieu à une amende de 500 à 1000 francs, une peine d'emprisonnement de 6 jours à quinze jours de prison peut en outre être prononcée.

L'identité d'infraction à un règlement d'administration publique ne peut avoir lieu qu'avec une infraction de même nature, non avec des faits délictueux prévus par la loi du 1ᵉʳ août 1905.

------

(1) *Ch. dép.* 23 fév. 1905. *J. Off.* du 24, p. 502.

CHAPITRE V

Publicité des Jugements

La publicité des jugements rendus à l'encontre des fraudeurs, a toujours été pour ceux-ci la peine la plus redoutée et aussi la plus efficace. Aussi la retrouve-t-on dans toutes les législations anciennes ou modernes, bien que sous des formes différentes. Million, qui a fait à ce sujet une intéressante étude, raconte qu'au xviiime siècle, le seul procédé de publicité était encore la promenade en forme d'exposition. Il cite entre autres exemples le cas d'un homme et d'une femme convaincus en Alsace, d'avoir falsifié du vin par des mixtions, qui avaient causé des indispositions graves aux consommateurs. Ils furent condamnés, le mari à un mois de prison, la femme à une amende et, de plus, à être promenés, tous deux, par les rues de la ville avec un écriteau portant l'indication « frelateurs de vin ».

Depuis 1791, cependant, ces modes de publicité ont été remplacés par d'autres plus en harmonie avec nos mœurs et réalisant le même but : l'affichage et l'insertion dans les journaux.

SECTION I

De l'affichage

L'affichage n'est pas, comme nous venons de le voir, une innovation de la présente loi. L'art. 6 de la loi du 27 mars 1851 permettait formellement aux tribunaux d'appliquer cette peine, elle avait été, du reste, ajoutée au texte de l'art. 423 du Code pénal, lors de la révision du 13 mai 1863.

Mais la pratique des parquets avait relevé de nombreux subterfuges à l'aide desquels les condamnés réussissaient à éluder complètement cette peine de l'affichage aux portes de leurs établissements.

En outre, la loi ne permettait pas de fixer par le jugement une durée normale à cet affichage et la lacération des affiches apposées par l'autorité, ne tombait que sous l'application de l'art. 17 de la loi du 29 juillet 1881, qui la punit d'une amende de 5 à 15 francs.

S'inspirant des lacunes révélées par l'expérience, l'art. 7 de la loi du 5 août 1905 a prévu un ensemble de dispositions destinées à assurer désormais l'exécution effective de l'affichage du jugement de condamnation, en matière de fraude.

§ I. — *Règlementation de l'affichage.*

Les tribunaux ont d'abord toute latitude pour prononcer cette peine : le § 1 de l'art. 7 dit en effet : « Le tribunal pourra ordonner..... dans tous les cas ». Donc, toutes les fois où ils seront appelés à prononcer une condamnation en vertu d'une des dispositions pénales de la loi du 1er août 1905 ; les tribunaux pourront prescrire l'affichage, soit cumulativement avec les autres peines, soit cette peine seulement.

Il n'y a qu'un cas où le juge est obligé de l'ordonner, c'est lorsque le condamné est tout à la fois en état de récidive et privé du bénéfice des circonstances atténuantes, ainsi que cela ressort de la combinaison du dernier paragraphe de l'art. 5 et des §§ 2 et 3 de l'art. 8.

Le juge indiquera, en même temps qu'il prononcera la condamnation, les lieux ou devra être effectué l'affichage. L'énumération faite par la loi sur ce point n'est pas limitative. Par ces mots : « notamment, etc.... », le législateur de 1905 indique que son vœu est de voir appliquer la peine de l'affichage dans les lieux qui sont de nature à frapper plus sévèrement et plus efficacement le condamné, c'est-à-dire le domicile, les magasins, les usines, les ateliers du condamné ; le juge n'en a pas moins le pouvoir souverain de faire afficher dans les lieux qui lui sembleront préférables au point de vue d'une bonne application de la loi (art. 7, § 1).

Les frais nécessités par l'affichage seront entièrement à la charge du condamné ; toutefois, pour éviter des abus, la loi fixe le maximum de ces frais, qui ne devra pas être supérieure au maximum de l'amende encourue (art. 7, § 1).

Du reste, la loi donne aux tribunaux un moyen de fixer eux-mêmes le montant de ces frais, car ils devront ordonner dans leurs jugements, les dimensions de l'affiche et les caractères typographiques qui devront être employés pour son impression (art. 7, § 2).

La loi fait encore une obligation aux tribunaux, dans tous les cas où ils sont autorisés à ordonner l'affichage de leur jugement à titre de pénalité pour la répression des fraudes, de fixer la durée pendant laquelle l'affichage devra être maintenu. Cette durée pourra varier suivant leur appréciation, pourvu qu'elle n'excède pas sept jours (art. 7, § 3).

§ II. — *Personnes visées par l'article 7.*

Les personnes auxquelles s'appliquent les dispositions de l'art. 7, sont celles qui se sont rendues coupables d'un délit prévu par la loi de 1905, soit comme auteurs, soit complices.

Faut-il décider, lorsque des employés se sont rendus coupables d'un pareil délit, que les maîtres ou commettants devront supporter sur leurs ateliers, usine, etc., l'affichage auquel auraient été condamnés les premiers,

Le projet du gouvernement de 1898 (1), renfermait une disposition, qui permettait cette exécution. Il y avait là évidemment une violation grossière du principe de la personnalité des peines.

C'est ce que fit observer M. Thévenet, rapporteur de la Commission du Sénat (2), « insérer dans la loi, disait-il, une telle prescription, serait contraire aux principes généraux de notre droit ; on frapperait ainsi d'une peine une personne qu'on déclarerait en même temps innocente de tout délit. Sans doute, le maître profite de ces falsifications, elles ont pu être faites dans son intérêt et il semble juste de lui faire supporter les conséquences d'un délit dont il a dû profiter. Ces raisons ne manquent pas de force et nous reconnaissons volontiers qu'il sera souvent fort difficile de prouver la mauvaise foi des maîtres. Mais nous croyons qu'il est d'usage de laisser entière l'appréciation des tribunaux et de ne pas introduire dans la loi une disposition anormale.... En résumé, les tribunaux examineront toujours si le maître est oui ou non complice. Si oui, il sera

(1) Projet du gouv. *J. Off.* de 1898, p. 4'8.

(2) Rapport de M. Thévenet. *Sénat,* doc. parl. — *J. Off.* du 18 janv. 1898, p; 643.

frappé pénalement ; si non, n'ayant commis aucun délit, il sera indemne de toute peine et supportera seulement les responsabilités civiles ».

A la suite de ces observations, le Parlement vota la suppression du dernier paragraphe de l'art, 7, qui prévoyait l'affichage pouvant être ordonné sans aucune distinction contre les maîtres et commettants, civilement responsables.

Que penser maintenant du cas où le condamné aurait vendu son fonds de commerce ? Il est évident, qu'ordonner alors l'affichage à la porte des magasins du condamné, comme l'exigeait le projet, aurait été profondément injuste. C'eût été porter préjudice à l'acquéreur de bonne foi, pour qui le délit était demeuré inconnu, comme cela arrive très souvent pour ceux qui n'en sont ni les auteurs ni les témoins (1).

D'autre part, il était nécessaire de mettre un frein à un moyen connu des fraudeurs d'habitude et très usité, d'éviter l'affichage du jugement à la porte de leurs magasins. Il consistait à céder, par une vente fictive, le fonds de commerce, pour le reprendre ensuite, dès que l'action publique était terminée.

Pour tout concilier, on employa un moyen terme et le texte de la loi fut modifié de la manièèc suivante :

---

(1) Voir les observations présentées à la Chambre sur ce point par MM. THIERRY et JEAN CRUPPI (*Ch. des Dép*. 17 nov. 1904. *J. Off*. du 18 nov. p. 2462).

« Lorsque l'affichage aura été ordonné à la porte des magasins du condamné, l'exécution du jugement ne pourra être entravée par la vente du fonds de commerce réalisée postérieurement à la première décision qui a ordonné l'affichage »,

Dorénavant, même si l'acquéreur du fonds de commerce atteint par l'affichage est de bonne foi, il ne pourra que s'imputer à soi-même de ne s'être point suffisamment renseigné sur son vendeur et la condamnation qui l'a frappé.

La loi ne dit pas s'il sera loisible au tribunal d'ordonner ce même affichage lorsque la vente aura eu lieu entre le délit et le jugement. On peut cependant admettre, nous semble-t-il, qu'il le pourra, toutes les fois qu'il constatera le caractère frauduleux de la vente ; dans le cas contraire, l'affichage ne pourra pas être ordonné dans les endroits susindiqués, rien n'empêchant d'ailleurs qu'il le soit, par exemple, au domicile du condamné, si ce domicile ne se confond pas avec ces mêmes lieux (1).

§ III. — *Protection de l'affichage.*

Le § 4 de l'art. 7 réprime sévèrement la suppression, la lacération et la dissimulation des affiches. Ce dernier

(1) Voir sur ce point : *Lois Nouvelles,* 1907, article de POPINEAU, p. 576.

délit a été ajouté au texte au cours des débats, car on avait fait remarquer à la Commission que l'affiche peut n'être ni supprimée, ni lacérée et que l'on échappe encore à l'affichage en masquant l'affiche, soit au moyen de contrevents, soit en retournant les volets de façon à ce qu'elle échappe aux regards du public, etc. C'est aux tribunaux à apprécier les faits qui peuvent constituer une dissimulation d'affiche (1).

Dans ces divers cas, il sera procédé à nouveau à l'exécution intégrale des dispositions du jugement relatives à l'affichage. Cette exécution, qui consiste dans une nouvelle apposition d'affiches a lieu dans tous les cas, c'est-à-dire sans qu'il convienne de distinguer, si le fait incriminé est imputable soit à un tiers, soit à un acte volontaire ou involontaire du condamné. Elle sera ordonnée par le tribunal correctionnel en même temps que celui-ci statuera sur le délit de suppression, et cela, qu'il condamne ou qu'il acquitte le prévenu. Les frais de cette nouvelle publication seraient à la charge du condamné ou, s'il n'y a personne de condamné, supportés par le Trésor.

Quant à ceux qui se seront rendus coupables de sup pression, dissimulation ou lacération d'affiches, les peines qui pourront leur être infligées varieront suivant le cas. Si le fait est imputable au fraudeur con-

(1) *Chamb. des Dép.* du 16 fév. 1905. — *J. Off.* du 7 fév. 1905, p. 368.

damné, la peine sera de 50 à 1.000 francs, qu'il ait été accompli soit par lui-même, soit à son instigation ou par ses ordres.

Celui qui aurait commis le fait à l'instigation du condamné ou par ses ordres, encourrait les mêmes peines, par application de l'art. 60 du Code Pénal sur la complicité.

Les tiers coupables du même délit ne pourraient être punis, en vertu de l'art. 17 de la loi du 29 juillet 1881, qu'à une amende de 5 à 15 francs, et encore faudrait-il que les affiches aient été apposées dans les emplacements réservés à l'administration.

En cas de récidive dans les deux premiers cas, les peines seront de six jours à un mois d'emprisonnement et de cent francs à deux mille francs d'amende.

SECTION II

Insertion dans les journaux

Les tribunaux ont, pour les insertions dans les journaux, les mêmes pouvoirs que pour l'affichage.

Ils pourront les ordonner quand ils le jugeront utile, indiquer dans leurs jugements les journaux où elles devront être faites, en fixer le nombre, dire si le jugement sera inséré comme pour l'affichage en entier ou par extrait, etc.

Les frais seront à la charge du condamné. Ils ne pourront pas dépasser le maximum de l'amende encourue.

Cette règlementation de l'affichage et des insertions est devenue applicable à toutes les lois sur les fraudes, par la substitution du texte nouveau à celui de l'art. 423 du Code Pénal et des articles de la loi du 27 mars 1851 auxquels se réfèrent les lois postérieures (art. 15, loi du 1er août 1905).

CHAPITRE VI

Des Poursuites

SECTION I

Qui peut intenter les poursuites

Les infractions de la loi du 1er Août 1905 peuvent être poursuivies :

1° Par le ministère public, soit sur plainte, soit d'office ;

2° Par le contractant ou le consommateur lésé, et de façon générale, par toute personne pouvant justifier d'un intérêt direct, né, actuel.

Une question, longtemps discutée, fut celle de savoir si les syndicats professionnels pouvaient, au même titre que les particuliers, intenter de pareilles poursuites. Elle parait, aujourd'hui, définitivement tranchée, aussi bien en doctrine qu'en jurisprudence ; et si nous en croyons MM. Fuzier-Hermann et Carpentier (1), tout syndicat professionnel, régulièrement constitué, peut citer en justice, en qualité de partie civile ; et cela non seulement à raison d'actions qui, n'étant pas dans le patrimoine des sociétaires, ne peuvent être exercées par aucun d'eux, mais même d'actions appartenant à leurs membres, et de nature à motiver, par suite d'une lésion personnelle se rattachant à l'exercice de leur profession, leur intervention personnelle ; à la condition toutefois, de justifier du préjudice matériel ou moral exigé par l'article 2 du Code d'instruction criminelle.

Une difficulté est cependant venue se greffer sur cette question, par suite de la loi du 29 juin 1907, sur le mouillage et le sucrage des vins. L'article 9 de cette loi déclare que : « Tous syndicats, formés conformément « à la loi du 21 Mars 1884, pour la défense des intérêts « généraux de l'agriculture ou de la viticulture ou du « commerce et trafic des vins, pourront exercer sur « tout le territoire de la France et des Colonies, les « droits reconnus à la partie civile par les articles « 182, 63, 64, 66, 67 et 68 du Code d'instruction cri- « minelle, relativement aux faits de fraudes et falsifi- « cations de vins, prévus par les lois des 14 Août 1889,

____

(1) *Répertoire gén. de Droit français.* Voir *Syndicats profes-sionnels,* n⁰ 272 et s. — Cass., 24 avril 1896 (D. 97-1-471) ; Cass. 27 avril 1907, Laclavière et Antonelli, *Mouillage et sucrage des vins,* p. 258.

« 11 Juillet 1891, 24 Juillet 1894, 6 Avril 1897,
« 1.er Août 1905, 6 Août 1905, et par la présente loi,
« ou recourir, s'ils le préfèrent, à l'action ordinaire
« devant le tribunal civil, en vertu des articles 1382 et
« suivants du Code civil » (1).

C'est là, comme on le voit, une dérogation à la règle
de droit commun que nous formulions tout-à-l'heure ;
ces syndicats ayant pour objet la défense des intérêts
généraux de l'agriculture et de la viticulture ou du
commerce et trafic des vins, pourraient exercer l'action
civile alors même que — contrairement à l'article 2 du
Code d'instruction criminelle — ils ne justifieraient pas
d'un préjudice causé à l'un de leurs membres, et à cette
seule condition que la fraude du vin, cause de la poursuite, mette en jeu les intérêts généraux de la viticulture, du commerce et du trafic des vins.

Faut-il — c'est là que réside la difficulté — étendre
cette disposition aux unions de syndicats et aux associations déclarées, formées conformément à la loi du
1er Juillet 1901 ?

« Nous ne le pensons pas, déclare M. Popineau (2) ;
les premières, en effet, sont sans qualité pour ester en
justice, d'après l'article 5 de la loi du 21 Mars 1884,
visée par l'article 9 de la loi du 29 juin 1907, et c'est,
précisément, parceque cet article 9, exception au droit

(1) V. LACLAVIÈRE et ANTONELLI, *Op. cit.*, p. 257.
(2) *Op. cit.*, p. 579.

commun, ne mentionne que les syndicats formés conformément à la loi de 1884, qu'il nous semble impossible
de l'étendre aux associations déclarées de la loi du
1ᵉʳ Juillet 1901, encore que celles-ci puisent dans cette
loi le droit d'ester en justice. »

Ce qui nous amènerait à émettre la même opinion,
c'est une certaine discussion qui eut lieu à la Chambre
des Députés, lors des débats, sur une proposition de
loi, adoptée le 9 Juillet 1907. Celle-ci modifie la loi du
1ᵉʳ Août 1905, et l'article 2 reproduit textuellement, en
l'appliquant aux fraudes prévues par cette loi, l'article
9 de la loi du 29 Juin 1907, ne mentionnant lui aussi
que les « syndicats formés conformément à la loi du
21 Mars 1884 ». Le rapporteur, M. Dauzon, avait dit :
« la Chambre décidera s'il ne conviendrait pas d'étendre
aux associations régulièrement déclarées, de la loi de
1901, ayant pour objet la défense des intérêts généraux
de l'agriculture, de la viticulture ou du commerce, les
droits que la proposition reconnaît aux seuls syndicats
professionnels ». Or, c'est le texte intégral de la proposition qui a été maintenu et voté par la Chambre, et
son sens ne saurait ainsi faire aucun doute.

Mais, objecte M. Laborde, qui professe la théorie
opposée (1), c'est là interpréter une loi par une autre
proposition. Il faut cependant remarquer que les travaux préparatoires de l'une et de l'autre étaient conco-

______

(1) *Les Lois Nouvelles*, 1907, p. 418.

mitants, le but général poursuivi le même, les termes, dans les deux cas, identiques, les votes espacés d'une dizaine de jours seulement. Dans ces conditions, ne semble-t-il pas légitime d'éclairer un texte à la lumière d'un autre qui en reproduit les mêmes dispositions ?

Du reste, M. de Castelnau ne faisait-il pas remarquer que : « La Commission s'était dit qu'il fallait donner aux syndicats, seuls, le droit de poursuivre, parceque la forme syndicale est la forme par excellence, la forme légale de la défense des intérêts professionnels » (1).

La dérogation de l'article 9 de la loi du 29 Juin 1907 ne concerne que les faits de fraude et falsification de vins, prévus aux lois dont ce même article donne une énumération limitative, et à condition que l'action civile soit portée devant le tribunal de répression. L'expression *in fine* de l'article 9 « pourront recourir, « s'ils le préfèrent, à l'action ordinaire devant le tribu- « nal civil, en vertu des articles 1382 et suivants du « Code civil », implique dans ce cas, pour les syndicats, l'obligation de justifier d'un préjudice.

La loi du 11 Juillet 1905, sur la protection des con- serves contre la fraude étrangère, contient, article 6 paragraphe 3, une disposition analogue à celle de l'article 9 de la loi du 29 Juin 1907.

----

(1) Disc. de M. DE CASTELNAU, *Ch. des Dép.*, 9 juillet 1907, *J. Off.* du 10, p. 1798, 1799 et 1812.

SECTION II

Compétence

La détermination de la compétence, pour statuer sur les poursuites, a donné lieu à la Chambre des députés à des débats longs et passionnés.

Le projet de loi la fixait ainsi dans un article 10 :
« Quelles que soient les stipulations relatives aux « transports, le plaignant pourra toujours saisir le « tribunal du lieu où il aura pris effectivement posses-« sion de la marchandise et où il aura pu la contrôler ».

Le Sénat avait adopté cette disposition, s'étant laissé persuader qu'il valait mieux contraindre l'individu, prévenu d'un délit, que la victime de ce même délit, et, avec elle, les témoins qu'il peut y avoir des faits délic-tueux et les experts qui auront été appelés à les constater.

On s'avisa, cependant, à la Chambre que si ce raisonnement était assez juste, il n'en constituait pas moins une forte présomption à l'encontre des commer-çants que l'on semblait considérer, comme étant tous de mauvaise foi. Or, on ne peut nier que la plupart d'entre eux agissent honnêtement et loyalement dans toutes leurs transactions. Devait-on, sous prétexte de réprimer les fraudes de quelques-uns, occasionner à

tous des pertes de temps et d'argent, ajoutées au discrédit qui accable inévitablement le prévenu, même
acquitté ? Devait-on les obliger à aller fréquemment au
loin, quelque fois même devant différents tribunaux le
même jour, pour empêcher une condamnation qui les
frapperait injustement ?

N'était-ce pas, en même temps, donner libre cours —
en enlevant la perspective d'un procès lointain et les
frais à exposer — à ces procès inconsidérés, entrepris
par des acheteurs de mauvaise foi, dans le but évident
d'obtenir des délais, de ne pas payer en temps voulu
une marchandise ou de s'en défaire parce qu'ils en ont
trouvé une autre qui leur convient mieux. Tandis que
des commerçants honnêtes qui pourront démontrer leur
innocence et leur bonne foi, en la majeure partie des
cas, seront cependant exposés pendant assez longtemps
à des poursuites correctionnelles.

Devant ces observations, le texte du projet, voté par
le Sénat, fut définitivement supprimé. C'est donc d'après
les règles du droit commun (art. 63 du Code d'inst.
crim.) que sera déterminée ici, encore, la compétence
du tribunal qui statuera sur les poursuites.

Pour résoudre les difficultés qui seraient de nature
à soulever la détermination du lieu du délit, on s'en
référera aux principes du Code civil. Si, par exemple,
il s'agit d'une vente au poids, au compte ou à la mesure,
cette dernière n'étant parfaite que lorsque les mar-

chandises ont été pesées, comptées et mesurées (1), la compétence serait déterminée par le lieu du pesage ou du mesurage. Tel est, du moins, le système de la jurisprudence : « Attendu que lorsqu'il s'agit de marchandises vendues au poids, la commande adressée par écrit à un marchand en gros par un marchand en détail, ne résidant pas dans la même ville, implique, nécessairement, de la part de celui-ci, un mandat conféré au vendeur de procéder, par lui-même, ou selon le cas, par le voiturier dont le choix lui est laissé, à l'opération du pesage, destiné à individualiser la marchandise, que, dès lors, aussitôt que cette marchandise, ainsi pesée, est sortie des mains du vendeur et a été remise entre les mains du voiturier, la vente est devenue parfaite dans le sens de l'article 1585 du Code civil ; attendu que de ces principes, rapprochés des faits reconnus constants par l'arrêt attaqué, il résulte que la vente dont il s'agit, dans l'espèce, a été réellement accomplie à Paris, et que, dès lors, le délit imputé au demandeur aurait été commis à Paris... ». (Cass. 24 déc. 1875, D. 76-1-91). S'il s'agit, d'autre part, de vente à goûter, ce sera le tribunal du domicile de l'acheteur qui sera

(1) Ces opérations doivent être faites contradictoirement, cependant l'absence de l'acheteur sur les lieux, au moment des opérations, ne saurait faire obstacle à la conclusion du contrat, toutes les fois qu'on peut déduire des circonstances de la cause, l'existence d'un mandat tout au moins tacite, pour être représenté aux dites opérations. V. Cass., 24 déc. 1875 (D. 76-1-91).

compétent, car il n'y a point vente tant que l'acheteur n'a pas goûté et agréé la marchandise (art. 1587, C. civ.). L'acheteur pourrait renoncer à l'exercice de ce droit ; renonciation qui résulterait tacitement, soit des termes de la convention, soit de la nature du marché, soit des circonstances qui l'ont accompagné, ou des usages qui ont présidé à sa formation, tous points qu'il appartiendra au juge du fait, d'apprécier (1).

SECTION III

Production des documents

L'article 10 de la loi du 1er août 1905 ne fait que consacrer le droit commun. On en a contesté l'utilité à la Chambre ; mais on l'a, tout de même, maintenu pour ce motif, « que dans une matière aussi délicate, il était utile de renouveler le droit commun et de le confirmer. »

La production « des registres et documents des diverses administrations, et notamment celles des contributions indirectes et des entrepreneurs de transports » pourra être ordonnée, que ce soit le ministère public qui poursuive ou que ce soit une simple action civile inten-

(1) Cass., 27 juillet 1877. DALLOZ, *Rép. de législ. Supp.* V. *Compét. crim.*, p. 430, notes. Trib. corr. Seine, 8 mars 1883, *Gaz. Pal.*, 83-3-485.

téc par un particulier. C'est pour cela qu'on a remplacé le mot « poursuite » du projet, par le mot « action ».

Toutefois ce droit d'investigation ne pourra être exercé que lorsqu'il y aura des poursuites, soit que le ministère public agisse d'office, soit qu'il soit intervenu sur une plainte de la partie civile. Le même pouvoir est reconnu au magistrat instructeur.

Par « entrepreneur de transports », il faut entendre aussi bien les entreprises particulières que les Compagnies de chemin de fer. C'est dans ce but qu'on a remplacé « concessionnaires » par « entrepreneurs » car cette expression est plus étendue.

Parmi les diverses administrations dont parle l'article 10, il faut comprendre celle des postes et télégraphes que la Chambre des députés refusa de désigner nommément, pour ne pas « inquiéter les esprits, au point de vue du secret de la correspondance ». Ici, comme en toute autre matière, le pouvoir du juge d'instruction de saisir, à la poste, les lettres indispensables à la procédure, demeure intact. (*Ch. des dép.* 23 fév. 1905, J. *Off.* du 24, p. 488).

SECTION IV
Continuité des poursuites

« Toute poursuite exercée en vertu de la présente loi, dit l'art. 8, § 1er, devra être continuée et terminée en vertu des mêmes textes. »

Cette prescription paraîtrait incompréhensible si elle n'était pas éclairée par les travaux préparatoires.

Il est la reproduction d'un amendement de M. Thierry qui avait pour but d'empêcher des faits, analogues au procédé ci-après, de se reproduire : une poursuite exercée contre un individu pour infraction à la loi du 16 août 1897 sur les beurres, avait donné lieu à une expertise concluant à la corruption du produit, et à deux contre-expertises favorables au prévenu. Huit mois après ce dernier fut cité devant le tribunal correctionnel en vertu seulement de la loi du 27 mars 1851, et on lui refusa la communication des pièces de la procédure antérieure sous prétexte que la nouvelle poursuite était basée sur un autre texte (1)

Pour éviter de pareils errements le § 1er de l'article 8 précité, fut voté.

Il y a là une exception au droit commun, d'après lequel « les juridictions d'instruction doivent examiner le fait sous toutes ses faces » (2)

C'est aussi enlever, dans ce cas, aux tribunaux le droit de disqualification des poursuites engagées.

« L'intéressé sera donc acquitté ou condamné, suivant ses mérites ou ses démérites au regard de la loi mise en mouvement contre lui », comme disait l'auteur de l'amendement.

----

(1) *J. Off. Ch. Dép.* 17 fév. 1905 p. 367.
(2) *Fuzier-Herman op. cit. V° Chose jugée n°* 1001.

SECTION V

Expertises — Frais — Avantages aux Communes

L'article 12, consacre le principe du caractère contradictoire de l'expertise, laissant aux règlements d'administration publique le soin de régler les détails d'une procédure « simple, rapide, et peu coûteuse » ainsi qu'en donnait l'assurance le ministre de l'agriculture.

Le prix des échantillons reconnus bons sera remboursé d'après leur valeur le jour du prélèvement.

Les frais exposés par les villes seront compris dans les dépens, que le parquet ait ordonné l'expertise, ou que ce soit la ville qui ait après analyse pratiquée sur son ordre, saisi la justice.

Contrairement à ce qui a lieu ordinairement les frais seront payés par le condamné s'il est solvable, ou par le Trésor s'il est insolvable. En un mot l'expert, qui dans l'espèce est mandaté par le maire d'une ville, s'il s'agit d'un laboratoire municipal, se trouve au point de vue de ses fonctions, dans la même situation que l'expert mandaté par le parquet (1).

(1) *Ch. des dép.* 16 fév. 1905. *J. Off.* du 17 p. 371.

Enfin l'article 9 § 3, constitue une prime à l'établissement d'une police alimentaire organisée par les communes, il autorise les commissions départementales à accorder, sur la proposition du préfet, des subventions, prélevées sur le reliquat disponible du fonds commun, aux communes qui auront organisé une police municipale alimentaire.

APPENDICE

Abrogations prévues par la loi du 1er août 1905

La loi du 1er août 1905, nous l'avons vu dès le début de cette étude, a refondu l'ancienne législation sur les fraudes, aussi abroge t-elle dans son article 14 § 2, le paragraphe 2 de l'article 477 du Code pénal, prononçant saisie ou confiscation de boissons falsifiées ; l'article 423 du Code pénal ; la loi du 27 mars 1851 et la loi du 5 mai 1855.

« Néanmoins, ajoute le même article, les incapacités « électorales édictées par la loi du 24 janvier 1889 « continueront à être appliquées, comme conséquence « des peines prononcées en .vertu de la présente loi. »

L'article 15 déclare que les pénalités de la présente loi, et ses dispositions en ce qui concerne l'affichage et les infractions aux règlements d'administration publique, rendus pour son exécution, sont applicables aux lois spéciales concernant la répression des fraudes dans le commerce des engrais, des vins, cidres et poirés, des sérums thérapeutiques, du beurre et la fabrication de la margarine. Les peines qu'elle édicte sont substituées à celles de l'article 423 du Code pénal et de la loi du 27 mars 1851, dans tous les cas où des lois postérieures renvoient à ce texte.

Par son article 16, la loi du 1er août 1905 étend son application à l'Algérie et aux colonies françaises.

TROISIÈME PARTIE

Procédure pour l'application de la loi

du 1er août 1905

CHAPITRE PREMIER

Organisation et fonctionnement du service

des prélèvements

Pour donner aux commerçants le maximum de garantie, l'article 12 de la loi du 1er août 1905, avons-nous vu, a posé le principe de l'expertise contradictoire. Afin d'assurer le fonctionnement de celles-ci, il est nécessaire de prélever un certain nombre d'échantillons des marchandises, qui doivent en être l'objet. Le titre 1er du décret du 31 juillet 1906 a pour but de préciser dans quelles conditions et par qui seront opérés ces prélèvements.

SECTION I

Rôle de l'Etat, des départements et des communes

C'est l'Etat avec le concours des départements et des communes, qui doit assurer le service chargé de rechercher et de constater les infractions à la loi du 1er août 1905.

A cet effet, a été institué auprès du ministère de l'agriculture le « service de la répression des fraudes », dont le rôle est d'assurer l'inspection des laboratoires et établissements de vente de denrées et produits pharmaceutiques et alimentaires.

Pour faciliter aussi la répression des fraudes, dans les villes, que pourraient retenir des raisons budgétaires, les instructions du ministre de l'agriculture du 26 février 1907 aux préfets, prescrivent à ces fonctionnaires d'inviter les communes à concourir, dans leur propre intérêt, à cette répression, en consentant à assumer la charge des prélèvements supplémentaires.

Le fonctionnement de ce service est soumis sous l'autorité du ministre de la Justice, du ministre de l'Agriculture et du ministre du Commerce, de l'Industrie et du Travail, dans les départements, à la direction des Préfets, à Paris et dans le ressort de la Préfecture de police, à celle du Préfet de police (art. 1er, § 2).

SECTION II

Personnel chargé des prélèvements

Le service des prélèvements était effectué jusqu'à ce jour par les agents des laboratoires d'analyse. On conçoit les inconvénients de cet état de choses. Opérant eux-mêmes les prélèvements, ils connaissaient les commerçants chez qui avaient été saisis les échantillons, dont ils étaient chargés de faire les analyses, et ils n'agissaient pas toujours avec la même liberté d'action, le même désintéressement qui les auraient guidés, s'ils les eussent ignorés. De nombreuses réclamations s'étaient produites, à Paris notamment, à ce sujet.

L'article 2 du présent décret a eu pour but de remédier à ces inconvénients. Désormais, les agents chargés des prélèvements sont distincts de ceux des laboratoires qui, eux, se consacreront uniquement à leur besogne scientifique.

Ils se partagent en deux groupes :

Premier groupe. — Agents chargés de prélever les boissons, les denrées alimentaires, les produits agricoles.

1° Commissaires de police ;

2° Commissaires de la police spéciale des chemins de fer et des ports ;

3° Agents des contributions indirectes et des douanes, agissant à l'occasion de l'exercice de leurs fonctions ;

4° Inspecteurs des halles, foires, marchés et abattoirs ;

5° Agents des octrois et vétérinaires sanitaires, qui peuvent être individuellement désignés par les préfets pour concourir à l'application de la loi du 1ᵉʳ août 1905 et commissionnés par eux à cet effet ;

6° Agents spéciaux que pourraient utiliser les départements ou les communes, sous la réserve également, d'être agréés et commissionnés par les préfets.

Un décret du 21 octobre 1907 a, en outre, créé, près du service de la répression des fraudes, un personnel d'agents chargés de surveiller l'application de la loi du 1ᵉʳ août 1905 et des lois qu'elle a maintenu, lequel comprend un inspecteur général et un certain nombre d'inspecteurs dits « inspecteur de la répression des fraudes ».

Une circulaire de M. Ruau, ministre de l'Agriculture, en date du 23 décembre 1907, permet aux autorités locales et aux syndicats qui mettent à la disposition des préfets des fonds de concours suffisants, de présenter à l'agrément de ces préfets tels agents qu'ils jugent à propos ; le préfet, de son côté, a le droit non seulement de ne pas agréer les candidats qu'on lui désigne, mais encore d'apprécier s'il y a lieu ou non à nomination d'agents commissionnés (1).

(1) Voir *Ch. Dép.* (Budget de l'Agriculture). — *J. Off.* du 27 déc. 1907.

Le deuxième groupe comprend les agents ayant une compétence toute spéciale, chargés de surveiller la vente des matières médicamenteuses et des sérums thérapeutiques, qui sont les inspecteurs des pharmacies, drogueries, épiceries, fabriques et dépots d'eaux minérales naturelles ou artificielles. Ce service, qui dépendait du ministre de l'Intérieur, a été rattaché, depuis le décret du 17 octobre 1906, au département de l'Agriculture.

Une circulaire du 11 avril 1907 rappelle que, bien que ne figurant pas parmi les autorités mentionnées au décret, les maires n'en tiennent pas moins de la loi du 5 avril 1884, art. 97, les pouvoirs les plus étendus pour assurer, dans leurs communes, « la fidélité du débit des denrées qui se vendent au poids ou à la mesure et la salubrité des comestibles exposés en vente ».

Est-il indispensable que les agents spéciaux agréés et commissionnés par les préfets pour opérer les prélèvements d'échantillons, aient prêté serment préalablement à l'exercice de leurs fonctions, pour que les procès-verbaux qu'ils dressent soient valables et puissent servir de base à des poursuites correctionnelles ?

Le cas s'est déjà présenté plusieurs fois dans la pratique. Un arrêt de la Cour d'Appel de Riom du 6 février 1908 (*Gaz. Pal.* du 14 mars 1988), déclare cette prestation de serment inutile, car « l'obligation n'en résulte pas d'une disposition législative générale et absolue ».

Cependant, si on ne peut nier que l'art. 2 du règlement d'administration publique du 31 juillet 1906 porte que « dans le cas où des agents spéciaux seraient institués par les départements ou les communes pour concourir à l'application de la dite loi (celle du 1er août 1905), ils devront être agréés et commissionnés par les préfets », il paraît bien évident que cette disposition ne porte aucune atteinte aux principes généraux du droit pénal en ce qui concerne les formalités indispensables pour que les agents quels qu'ils soient, investis du pouvoir de verbaliser, puissent exercer ce pouvoir. Or, il a déjà été jugé que la qualité de fonctionnaire public et d'agent de l'administration des agents verbalisateurs, résulte uniquement du serment et non de la commission (1).

Cette solution nous semblerait préférable à celle de la Cour de Rioms ; c'est du reste en ce sens que se sont déjà prononcés un jugement du tribunal de Moulins du 15 déc. 1907 et un jugement du 22 janv. 1908 du tribunal de Montargis qui déclaraient « qu'il est de principe en matière pénale que le pouvoir de verbaliser conféré à certains agents, n'est consacré que par la formalité solennelle du serment qui le rend public. L'omission de cette formalité enlève toute valeur au

(1) Cass. 12 oct. 1849. — D, 49-5-312. — Chambéry, 24 nov. 1887 (*France jud.* 88-36). — *Adde*, Pand. alphab. V°. — *Fonctionnaires publics*, n°ˢ 152 et s. et V° garde-champêtre, n° 30.

procès-verbal de prélèvement d'échantillons, dressé par un agent simplement agréé et commissionné par le préfet. D'où il suit que toute la poursuite qui en a été la conséquence, manquant de base légale, la relaxe du prévenu s'impose (*Gaz. Pal.* 1908, 1).

SECTION III

Lieux où peuvent être opérés les prélèvements

L'énumération des lieux où les échantillons peuvent être prélevés est faite par l'article 4 du décret du 31 juillet 1906 : ce sont les magasins, boutiques, ateliers, voitures servant au commerce, entrepôts, abattoirs et leurs dépendances, halles, foires, marchés, gares, ports de départ et d'arrivée.

Nous ferons ici la même remarque que lors des explications données à propos de la détention des marchandises falsifiées ou corrompues, l'énumération des immeubles où les inspecteurs peuvent exercer leurs fonctions, est limitative et leur surveillance ne s'étend pas à la marchandise entrée en la possession et au domicile du consommateur.

Les prélèvements peuvent y être opérés « en toutes circonstances et d'office », toutefois, ils ne pourront être effectués que quand il y aura présomption que des boissons, denrées ou produits soient falsifiés, corrompus ou toxiques (art. 4, § 2).

Les administrations publiques sont tenues de fournir aux agents chargés de l'exécution de la loi, tous les éléments d'information nécessaires pour leur permettre de constater les contraventions (art. 4, § 3). Et pour compléter ce paragraphe, une circulaire de la Direction Générale des Contributions Indirectes du 23 août 1906, prescrit que sur la réquisition écrite de ces agents, les chefs locaux de service et les receveurs buralistes, dans les localités non pourvues d'un poste d'employés, devront leur communiquer, sans rétribution aucune, mais sur place, les registres portatifs, déclarations de sucrage, etc., dont ils demanderont à prendre connaissance.

Enfin, les entrepreneurs de transports sont tenus de n'apporter aucun obstacle aux réquisitions pour prises d'échantillons, et de représenter les titres de mouvement, lettres de voitures, récipissés, connaissements et déclarations dont ils seront détenteurs (art. 4, § 4).

SECTION IV

Nombre d'échantillons à prélever

Les prélèvements sur les marchandises doivent comprendre chacun quatre échantillons. L'un est destiné au laboratoire d'analyse officiel, les trois autres sont destinés à assurer l'expertise contradictoire au cas où elle serait jugée nécessaire.

Les prélèvements opérés en quantité insuffisante pour permettre la contre-expertise, seraient nuls.

Un arrêté ministériel du 1er août 1906, mentionne les conditions dans lesquelles les échantillons doivent être prélevés, pour les liquides, tels que vins, bières, lait, huiles, etc. (liquides vendus en litres, demi-litres, bouteilles, demi-bouteilles, flacons, cruchons portant des cachets, marques et étiquettes d'origine ou bien liquides contenus dans des fûts, réservoirs, bidons, estagnons, intacts ou en vidange) ; les matières grasses, pâteuses, semi-fluides ; les matières à prélever en bocaux, pour éviter la dessication ; les produits solides ou en poudre ; les conserves.

Les prélèvements préalables d'échantillons sont-ils obligatoires, en ce sens que leur absence constituerait un obstacle à la condamnation du fraudeur ? Nous ne le pensons pas.

En effet, les prescriptions du décret du 31 juillet 1906 (art. 5 et 7), relatives à la recherche des falsifications de denrées alimentaires, n'ont modifié en rien le droit commun en ce qui concerne les moyens de comparaison et d'appréciation dont peuvent user en cours d'instruction les magistrats instructeurs. Cette distinction entre la recherche en quelque sorte préparatoire du délit et la précision de la falsification déjà révélée paraît justifiée par les termes mêmes du décret de 1906 (1).

On a cependant soutenu que l'irrégularité des actes préparatoires prévus au décret, entraîne nécessairement la nullité de la procédure suivie contre le prévenu, car il ne peut être permis, en ce qui concerne la recherche de la fraude, de s'écarter de la procédure exhorbitante du droit commun et étroitement précisée par ces textes.

Cette affirmation nous paraît devoir être contesté. En premier lieu, rien dans les travaux préparatoires ne vient la corroborer (2).

D'autre part, il est de principe que l'inobservation d'une formalité prescrite par la loi ne saurait entraîner la nullité de la procédure, du moment qu'elle ne lèse pas les intérêts de la défense, alors du moins que cette formalité n'est pas imposée à peine de nullité, sinon en termes exprès par un texte formel, du moins de façon certaine et évidente par une disposition implicite (3).

(1) Trib. Seine, 6 nov. 1907. — *Gaz. Pal.* 3 déc. 1907.

(2) Xavier Boisat, *Législation nouvelle sur les fraudes*, p. 47 et s. 87-98.

(3) Voir *Gaz. Pal.* 19-20 janv. 1908, note sous jugement du Trib. correct. Seine. — Cass. 10 juillet 1890 *Pand. français*, 91-1-83) 19 déc. 1891 (*op. cit.* 92-2-108). — Cass. 6 janvier 1893; *Gaz. Pal.* 93-1-60. — Cass. 3 nov. 1893 ; S. 94-1-252.

Sic. Faustin-Hélie, n° 3982. — Fuzier-Hermann et Carpentier, *Rép. gén. du dr. franç.* — V° Cassation (mat. crim.), n° 952 et Cass. (mat. civ.) n° 3158 et s. — Leloir, *C. inst. crim.* art. 408, n° 1.

Enfin, dans une matière qui présente le plus d'analogie avec celle qui fait l'objet de la loi du 1er août 1905, il a été jugé à propos de répression de fraude dans le commerce des engrais, que les dispositions des ait. 5, 6 et 7 du décret du 10 mai 1889 (pris pour l'application de la loi du 4 fév. 1888), et relatifs au prélèvement des échantillons, n'étant pas prescrites à peine de nullité, étant de droit étroit, l'inobservation de quelques-unes de ces formalités ne saurait entraîner la nullité de la procédure, à moins qu'il n'y ait atteinte aux droits de la défense. (Cass. 21 juillet 1904. — S. 1907, 1-196). Les raisons de décider étant les mêmes en ce qui concerne les formalités prescrites par le décret du 31 juillet 1906, la solution doit être la même.

Nous en concluons donc que l'absence des prélèvements préalables d'échantillons ne constituerait pas un obstacle à la condamnation du fraudeur, à moins cependant que l'inobservation de ces formalités ait porté atteinte aux droits de la défense (1). En outre, toutes les fois que des prélèvements seront matériellement possibles, il importe de ne pas omettre d'y procéder,

----

(1) Comp. Cass. 15 juin 1895 ; S. 96-1-253, 25 janvier 1899 ; D. 99-1-452 et Paris, 30 nov. 1907 ; *Gaz. Pal.* 19-20 janvier 1908. — Cass. crim. 28 fév. 1908 ; *Gaz. Pal.* 24 mars 1908. — Cass. crim, 10 avril 1908 : *Gaz. Pal.* 29 avril 1908.

suivant les règles mentionnées au décret (1), car il demeure évident qu'en pareille matière, le rôle de l'analyse est capital, et que si d'autres considérations peuvent constituer, pour le juge, des éléments de conviction suffisants, c'est surtout en elle que les tribunaux puiseront, le plus souvent, la preuve du délit. (Trib. correct. Seine, 8ᵐᵉ Chamb., 18 fév. 1907. *Gaz. Pal.* 17 et 18 mars 1907).

SECTION V

Constatation des infractions

§ I. — *Procès-verbaux.*

Tout prélèvement donne lieu à la rédaction « séance tenante » d'un procès-verbal qui sera écrit sur papier libre.

Ce procès-verbal devra contenir les mentions suivantes (art. 6, § 3 à 8) :

1º Les noms, prénoms, qualités, résidence de l'agent verbalisateur ;

(1) Un récent jugement du Tribunal de Belfort du 21 fév. 1908, a relaxé un prévenu, parce que le volant de l'étiquette n'aurait pas été joint au procès-verbal ; cette formalité, présentant un intérêt pour la défense (*Gaz. Pal.* 20 mars 1908).

2° Les date, heure, lieu où le prélèvement a été effectué ;

3° Les noms, prénoms, profession, domicile ou résidence de la personne chez laquelle le prélèvement a été opéré ;

4° Les noms et domicile des personnes figurant sur les lettres de voiture ou sur les connaissements pour les marchandises chargées sur un navire, comme expéditeurs et destinataires, toutes les fois que le prélèvement a lieu en cours de route ;

5° L'exposé succint des circonstances dans lesquelles le prélèvement des échantillons a été opéré ; la description des marques et étiquettes apposées sur les enveloppes ou récipients, l'énonciation de l'importance du lot de marchandises échantillonné et toutes les indications jugées utiles par les agents verbalisateurs, pour établir l'authenticité des échantillons prélevés et l'identité de la marchandise ;

6° La mise en demeure adressée au propriétaire ou détenteur de la marchandise, de déclarer la valeur des échantillons prélevés et la réponse faite à cette mise en demeure. Cela afin de pouvoir connaître le prix des échantillons reconnus bons, puisque suivant l'art. 12 de la loi du 1er août 1905, on doit les rembourser d'après leur valeur le jour du prélèvement.

7° Les déclarations que l'intéressé jugerait utile de faire.

8° La signature de l'agent verbalisateur et celle de

la personne entre les mains de qui le prélèvement est opéré ; au cas de refus de cette dernière, mention en est portée.

Les arrêtés ministériels pris en conformité de l'article 7 du décret du 31 juillet 1906, prescrivent en outre des énonciations spéciales à chaque matière, que doivent renfermer les procès-verbaux.

En ce qui concerne plus particulièrement les procès-verbaux des contributions indirectes, les instructions adressées à ce sujet par la direction générale s'expriment ainsi : « D'après l'art. 23 du décret, il n'est rien innové quant à la procédure suivie par l'administration des contributions indirectes, pour la constatation et la poursuite des faits constituant à la fois une contravention fiscale et une infraction aux prescriptions de la loi du 1er août 1905.

« Quant au cours de leurs visites et vérifications habituelles, les employés découvriront des fraudes et falsifications prévues et punies par la loi du 1er août 1905 et par la législation fiscale, ils continueront à constater les faits dans la forme usitée en matière de contributions indirectes. Les directeurs adresseront sans délai, une copie du procès-verbal aux Procureurs de la République du ressort et se consulteront avec ce magistrat en vue de l'exercice simultané des deux actions. Si le Parquet décide de ne pas poursuivre, l'affaire sera alors suivie dans les conditions ordinaires.

« Lorsque l'infraction constatée sera uniquement

prévue par la loi du 1ᵉʳ août 1905, les employés se conformeront aux prescriptions des art. 5 et 11 du décret et à celles de l'arrêté ministériel du 1ᵉʳ août 1906, en ce qui concerne les conditions de prélèvement et de scellement des échantillons, la rédaction du procès-verbal et la transmission de cet acte, ainsi que des échantillons, à la Préfecture ou à tout autre service administratif qui sera désigné ».

Les procès-verbaux dressés par ces derniers font foi jusqu'à inscription de faux des contraventions fiscales, comme des infractions à la loi de 1905 qu'ils relève-raient. Ceux des autres agents de l'autorité à qui la loi confère le pouvoir de constater ces infractions, ne font foi que jusqu'à preuve du contraire.

§ II. — *Mesures prescrites pour assurer l'identité*

de l'échantillon prélevé.

Pour assurer leur identité, les échantillons devront être mis « immédiatement » sous scellés. Le texte, il est vrai, n'indique pas que ce scellement doit être fait sans délai, il est cependant indispensable qu'il suive la saisie sans aucun intervalle de temps, afin qu'aucune confusion ne puisse se produire. On a jugé irrégulier un prélèvement fait par un commissaire de police qui n'avait scellé les échantillons qu'au bureau du commis-sariat, où commissaire et prévenu s'étaient rendus séparément (Douai, 29 novembre 1899. — D. 1900, 2-328).

Chacun des échantillons devra être muni d'une étiquette composée d'un volant et d'un talon, le premier restera au dossier, le second est destiné au laboratoire. C'est sur cette étiquette que les scellés seront apposés.

Chacune de ces deux parties de l'étiquette devra porter les mentions que l'agent verbalisateur aura eu soin d'y inscrire, et dont l'art. 8 du décret du 31 juillet 1906 donne l'énumération.

Le talon portera les indications suivantes : nature du produit, dénomination sous laquelle il est mis en vente, date du prélèvement et numéro sous lequel les échantillons sont enregistrés au moment de leur réception par le service administratif.

Le volant portera en outre des mentions qui seront sur le talon, les noms et adresse du propriétaire ou détenteur de la marchandise, ou en cas de prélèvement en cours de route, ceux des expéditeurs et destinataire. Il sera en outre signé par l'auteur du procès-verbal.

Après avoir accompli ces différentes opérations, l'agent verbalisateur sera tenu de délivrer un récépissé, détaché d'un carnet à souche, au propriétaire ou au détenteur de la marchandise. Ce récépissé mentionnera la nature et la quantité de la marchandise, il indiquera en outre la valeur déclarée. Si le prélèvement est fait en cours de route, un récépissé identique sera délivré au représentant de l'entreprise de transport, pour sa décharge.

§ III. — *Transmission des échantillons au service administratif.*

Les échantillons ainsi scellés et étiquetés, doivent être envoyés accompagnés du procès-verbal, dressé au moment du prélèvement, au service administratif. Un délai de vingt-quatre heures est imparti pour cela aux agents verbalisateurs (art. 10, § 1).

Ils sont adressés soit au Préfet de police pour les prélèvements faits à Paris, ou dans le ressort de la Préfecture de police, soit à la Préfecture pour ceux opérés dans les départements. Cependant, le décret réserve au ministre le droit d'autoriser l'envoi des échantillons aux sous-préfectures ou à d'autres services administratifs, en vue de faciliter l'application de la loi.

Dès leur arrivée, les échantillons sont enregistrés sur un registre spécial, avec les mentions prévues par la circulaire ministérielle du ministre de l'Agriculture aux Préfets, du 26 février 1907, et on inscrit le numéro d'entrée sur le talon et le volant de l'étiquette de chaque échantillon.

Dans les vingt-quatre heures qui suivent cette réception, le service administratif envoie l'un des échantillons au laboratoire d'analyse du ressort où le prélève-

ment a été effectué, après avoir, au préalable, détaché
de l'étiquette y afférente le volant, qui demeure annexé
au procès-verbal, tandis que le talon suivra l'échantillon au laboratoire. Les trois autres échantillons et
leurs étiquettes scellées, sont conservées par le service
administratif, pour servir au cas où l'expertise contradictoire serait jugée nécessaire.

Si cependant, la nature des denrées ou des produits
exige des mesures spéciales de conservation, que le
service administratif ne pourrait prendre, les quatre
échantillons, non plus un seul, seront envoyés au laboratoire munis chacun de leurs talons, tandis que les
quatre volants détachés demeureront au dossier.

Deux remarques en terminant : Bien que le décret du
31 juillet 1906 soit muet sur ce point, les agents du
service sont autorisés à opérer des prélèvements à la
demande du public, quand la requête leur paraît justifiée (circul. min. Agric., 26 fév. 1907).

Enfin, les dispositions des art. 4 à 10 du décret du
31 juillet 1906, sur les prélèvements des échantillons
et leurs transmissions, ont remplacé les art. 11, 12, 13
du règlement d'administration publique du 9 nov. 1897,
pris pour l'application de la loi du 16 avril 1897, concernant la répression de la fraude du beurre, en vertu
du décret du 29 août 1907.

CHAPITRE II

Fonctionnement des Laboratoires

SECTION I

Des Laboratoires d'analyse

Comme le personnel chargé du service des prélèvements, les laboratoires d'analyse se divisent en deux groupes déterminés, suivant la nature des produits qu'ils auront à examiner.

Le premier groupe comprend les laboratoires auxquels est confié l'analyse des boissons, denrées alimentaires et produits agricoles.

Parmi ceux-ci sont les laboratoires de l'Etat. En attendant l'organisation à Paris d'un laboratoire central, on a dû en outre recourir aux laboratoires municipaux ou départementaux, qui, à la suite d'accords avec les conseils généraux et municipaux, et après agrément ministériel, sur avis de la commission tech-

nique permanente, procèderont aux analyses des pro
duits alimentaires ou agricoles.

Actuellement les laboratoires qui peuvent être
agréés appartiennent à 2 catégories :

1° Les laboratoires agricoles et stations agronomi-
ques ou œnologiques, c'est-à-dire les établissements
départementaux subventionnés par l'Etat, fonctionnant
sous l'autorité du préfet, et établis pour l'analyse des
matières agricoles et spécialement des engrais ou des
crus ;

2° Les laboratoires municipaux, ne recevant aucune
subvention de l'état ou des départements, et compre-
nant, d'une part des laboratoires d'hygiène dépendant
des bureaux d'hygiène municipaux, d'autre part des
laboratoires de chimie, qui, mieux que les précédents,
répondront aux exigences de la loi de 1905 (1).

Le deuxième groupe, de laboratoires d'analyse renferme d'abord les laboratoires devant s'occuper spécialement des substances médicamenteuses, comme
les laboratoires, agréés également par l'Etat, des
écoles supérieures de pharmacie, puis le laboratoire du
conseil supérieur d'hygiène, qui, seul, peut analyser les
sérums.

Les arrêtés qui agréent les laboratoires d'analyses (2) fixent également leur ressort (art. 12, § 1er).

(1) POPINEAU, *op. cit.* 598.

(2) Autorisation a déjà été conférée à un grand nombre d'établissements, par arrêtés des 18 fév. 1907 (*J. off.* du 19), 12 mars

SECTION II

Des analyses.

Les analyses doivent porter sur la qualité et la quantité des substances qui constituent les produits sur lesquels elles sont opérées ; « elles sont à la fois d'ordre qualitatif et quantitatif » dit l'art. 12, § 3, du décret du 31 juillet 1906. Leur examen devra, en outre, porter sur les recherches microscopiques, spectroscopiques, parolimétriques, réfractométriques, cryoscopiques, qui pourraient fournir des indications sur la pureté des produits, la recherche des antiseptiques et des colorants étrangers.

Ces analyses sont très rigoureusement réglementées. Les laboratoires ne pourront y procéder par la méthode quelconque, qui sera de leur préférence. Le décret cité ci-dessus mentionne, en effet (art. 12, § 2 et 4), qu'afin d'assurer l'unité nécessaire quand il s'agit de déterminer la qualité des marchandises, les agents des laboratoires ne devront employer que des méthodes qui auront été indiquées par la commission perma-

1907 (*J. off.* du 14) ; 27 avril 1907 (*J. off.* du 2 mai) : 4 juillet 1907 (*J. off.* du 6) ; 11 oct. 1907 (*J. off.* du 12) ; — pour le laboratoire municipal de Marseille, arrêté du 1er déc 1907, *J. off.* 3 décembre 1907.

nente, et relatées dans des arrêtés ministériels. Ces méthodes varieront suivant les progrès de la science, et les nouvelles fraudes à découvrir.

En exécution de cette prescription, divers arrêtés ministériels, relatifs aux méthodes à employer pour l'analyse d'un certain nombre de produit, ont été pris. Ce sont : arrêté du 18 janvier 1907, pour les vins ordinaires (*Journal officiel* du 22) ; au *Journal officiel* du 18 février 1907 (p. 1334) alcools, eaux-de-vie, liqueurs : *J. off.* du 4 mars 1907 (p. 1778), farines, pains, pâtisseries, pâtes alimentaires, fleurages, chapelures, épices et condiments ; — *J. off.* du 9 mars 1907 (p. 1878), laits concentrés et laits désséchés ; *J. off.* du 4 avril 1907 (p. 2633), méthode concernant l'analyse des matières grasses ; — *J. off.* du 26 avril 1907 (p. 3139), méthose pour l'analyse des confitures, sirops, miels, limonades, sucres ; — du 19 juillet 1907 (p. 5032), les méthodes pour l'analyse des cidres, poirés, farines, pains d'épice, et pour la recherche des antiseptiques et édulcorants dans les boissons et matiè-res alimentaires.

Tous les laboratoires sont tenus de rendre compte de leurs travaux aux préfets et de leur signaler périodi-quement les nouveaux procédés de fraude, par eux découverts.

SECTION III

Résultat des analyses.

Les agents des laboratoires devront consigner dans des rapports les analyses qu'ils ont opérées, les procédés qu'ils ont employés, et les résultats qu'ils en ont obtenus.

Ces rapports seront immédiatement transmis, en province, au service administratif, d'où provient l'échantillon ; à Paris et dans le ressort de la préfecture de police, au préfet de police.

Cette transmission devra se faire dans le plus bref délai possible (Circul. minist. agric. 20 février 1907), bien que l'article 13 du décret, fixe un délai de huit jours, à dater de la réception de l'échantillon par les laboratoires.

La suite à donner à l'affaire variera suivant que l'analyse révèlera ou non une fraude.

— *Si l'échantillon examiné est reconnu bon*, l'autorité administrative avise sans délai l'intéressé, qui peut réclamer le remboursement du prix de l'échantillon prélevé. Cette disposition de la loi a été empruntée à la loi anglaise et insérée dans notre loi sur l'observation de certains députés « qu'il y avait injustice à ne pas rembourser les prélèvements opérés, qui, pour certaines marchandises, ont de la valeur, surtout s'ils se répètent à intervalles assez rapprochés » (1).

Le prix à rembourser sera fixé d'après la valeur de la marchandise, au jour où ces prélèvements ont été opérés. C'est dans ce but que l'agent verbalisateur doit, au moment où il dresse son procès-verbal, sommer le détenteur ou le propriétaire de la marchandise d'en déclarer la valeur.

D'après une circulaire ministérielle du 26 février 1907, les échantillons, qui sont devenus sans objet, seront détruits, ou recevront telle destination qui paraîtra convenable au préfet.

— *Si le rapport du laboratoire conclut à une fraude*, le service administratif adresse sans délai au procureur de la République, près le tribunal compétent : 1º le rapport du laboratoire d'analyse ; 2º le procès-verbal de l'agent verbalisateur ; 3º les trois échantillons restants.

Il a en outre à remplir une dernière formalité, au cas où les échantillons de vins, bières, cidres, alcools, ou liqueurs n'auraient pas été prélevés par des agents appartenant à l'administration des contributions indirectes : il devra donner avis de l'envoi fait au parquet, au directeur des contributions indirectes. Les instructions de la Direction générale déterminent ainsi le rôle de ses agents dans ce cas : « Aussitôt après l'avis du

---

(1) Ch. des dép. 23 fév. 1905. *J: off*. du 24 (p. 499).

préfet, les directeurs ou sous-directeurs devront s'informer des motifs du prélèvement d'échantillons, rechercher si les faits retenus tombent sous l'application de la législation spéciale aux contributions indirectes, et, le cas échéant, prendre les dispositions utiles pour déposer, à l'audience fixée par le parquet, des conclusions tendant à la condamnation du prévenu aux pénalités fiscales encourues. Dans le cas où le procureur de la République renoncerait à l'action publique ; il y aurait lieu, avant d'engager toute poursuite, de rendre compte de l'affaire, sous le timbre du contentieux, à l'administration, qui apprécierait la suite à donner en ce qui concerne l'action fiscale. »

CHAPITRE III

SECTION I

Formalités de l'expertise contradictoire

§ I. — *Préliminaires*

Le parquet compétent, une fois en possession du rapport signalant la fraude, du procès-verbal de l'agent verbalisateur et des trois échantillons réservés, avise le commerçant présumé coupable d'infraction à la loi du 1er août 1905.

Cet avis devra contenir les trois chefs suivants : 1° infraction qui fait l'objet de la poursuite et dont il est présumé l'auteur.

2° Sommation de prendre communication, au parquet, du rapport du directeur du laboratoire. 3° Délai de trois jours francs, c'est-à-dire non compris le jour où l'intéressé aura reçu l'avis, imparti à ce dernier pour réclamer l'expertise contradictoire.

Bien que le décret n'indique aucun délai pour l'envoie de cet avis par le Parquet, il va de soit que c'est immédiatement après la réception du rapport, qu'il doit être fait. « Un retard tel qu'il aurait pour conséquence d'empêcher l'inculpé de provoquer, inutilement, une contre-expértise, serait de nature à entâcher la procédure de nullité. » (Cass. 7 juil. 1900. D. 1901. 1. 49).

Le prévenu est averti par l'avis du parquet, qu'il a trois jours francs pour faire parvenir sa réponse, passé ce délai il sera forclos, et le ministère public admis à intenter sa poursuite. Plusieurs jurisconsultes estiment cependant que ce « délai » n'est point tellement rigoureux que le parquet ne puisse renoncer à se prévaloir de la forclusion » (1).

La forme de la réponse pas plus que celle de l'avis ne sont réglementées. Une simple lettre suffirait donc pour la première, quoique une lettre recommandée offrirait plus de garanties. Pour le second, la forme ordinaire des avis remis par l'intermédiaire de la police ou des maires avec accusé de réception du destinataire, serait suffisante.

§ II. — *Experts et expertise*

Lorsque l'intéressé a demandé de faire procéder à une expertise dans le délai de trois jours qui lui est

____

(1) *Lois nouvelles*. POPINEAU p. 604, 1907.

imparti, il y a eu lieu de procéder d'abord à la désignation de deux experts.

L'un sera choisi par le juge d'instruction du siège du procureur de la République compétent; l'autre, par l'inculpé.

L'expert désigné par le juge d'instruction sera pris parmi ceux figurant sur les listes spéciales des chimistes-experts, dressées dans chaque ressort, par la Cour d'appel ou les tribunaux civils. Celui choisi par l'inculpé pourra, en outre, être pris sur les listes dressées pour le ressort d'où il a déclaré que provient la marchandise suspecte (art. 18 § 2 et 8).

Le décret laisse toutefois, à l'intéressé, la faculté de renoncer au choix d'une expert spécial, et il peut s'en rapporter, s'il le juge utile, aux conclusions de l'expert désigné par le juge (art. 18, § 1). L'expertise n'est donc pas obligatoirement contradictoire, l'intéressé peut y renoncer.

La présence et la convocation des parties aux opérations des experts n'est pas indispensable, car en matière correctionnelle aucune disposition ne l'exige.

Les deux experts une fois désignés, se mettront en rapport, et recevront du juge d'instruction, deux des trois échantillons restants, celui-ci gardant le troisième par devers lui. On leur communique en même temps tous les documents qui peuvent être utiles pour leur

(1) Cass. 13 juil. 1906. *Bull. crim.* 4906, n° 287.

travail : procès-verbaux de prélèvements, factures, lettres de voiture, pièces de régie, que le juge a recueillis lui-même, ou qui lui ont été remis par la partie en cause (art. 19 § 2).

Les experts procèdent ensuite à l'analyse de l'échantillon qui lui a été remis. Contrairement à ce qui a lieu pour la première analyse, ces expertises ne sont pas soumises à des règles uniformes tracées par des arrêts ministériels. On laisse aux experts toute liberté pour l'emploi des procédés et des méthodes qui leur paraissent préférables : « Aucune méthode officielle, dit le § 3 article 19 du décret n'est imposée aux experts. Ils opèrent à leur gré, ensemble ou séparément ».

Cependant, il peut arriver, que quel que soit le procédé employé, l'analyse ne révèle pas exactement la fraude ou la tromperie. Cela peut se rencontrer par exemple, lorque pour une denrée ou une boisson, il s'agit de déterminer sa provenance ; ainsi la provenance des huiles d'olives ne se reconnaît guère qu'à la dégustation, il en est de même pour certains vins, cognacs etc. et d'une manière générale en matière œnologique.

Les experts, et l'inculpé lui-même, sont alors admis à demander l'intervention de dégustateurs. Ceux-ci seront choisis dans les mêmes conditions que les autres experts (art. 21) c'est-à-dire que les parties en cause et le juge d'instruction peuvent désigner chacun le leur, de même que l'inculpé peut se contenter de celui commis par le magistrat.

Un rapport doit consigner le résultat des expertises. Les experts en rédigent un chacun, à moins qu'ils ne soient d'accord dans leurs conclusions, il leur sera alors loisible de n'en rédiger qu'un seul. Le juge fixera le délai dans lequel le dépôt du rapport devra être effectué (art. 18 § 4).

Suivant que les rapports concluent à la validité ou à la nullité de la première analyse, le juge d'instruction rend une ordonnance de renvoi, ou une ordonnance de non-lieu.

§ III. — *Contre-expertise*

Elle peut avoir lieu au cas où les deux experts sont en désaccord dans leurs conclusions. On nomme alors un tiers-expert pour les départager.

Ce dernier est désigné par les premiers experts, qui le choisissent soit sur les listes officielles. soit en dehors de ces listes. Si les experts ne s'entendaient pas sur ce choix, la désignation du tiers-expert serait faite par le président du tribunal civil.

La contre-expertise portera sur le quatrième et dernier échantillon, qui sera remis par le juge d'instruction.

§ IV. — *Frais d'expertise. — Régie.*

Tous les frais du procès et des expertises incombent à l'inculpé en cas de condamnation.

S'il est rendu une ordonnance de non-lieu ou si l'inculpé a été acquitté avant la juridiction correctionnelle, il n'est tenu d'aucun frais, et peut exiger le remboursement des échantillons prélevés, dans les mêmes conditions que lorsque le rapport du laboratoire d'analyse conclut à l'absence d'infraction.

Les articles 22 et 23 du décret du 31 juillet 1906, impose enfin, au procureur de la République, au cas ou des poursuites sont décidées et s'il s'agit de vins, bières, alcools ou liqueurs, de faire connaître au directeur des contributions indirectes ou à son représentant, dix jours au moins à l'avance, le jour et l'heure de l'audience à laquelle l'affaire sera appelée.

Il n'est rien innové, ajoute l'article 23, à la procédure suivie par l'administration des contributions indirectes, pour la constatation et la poursuite de faits constituant à la fois une contravention fiscale et une infraction aux prescriptions de la loi du 1·r août 1905 (1).

SECTION II

Caractère de l'expertise contradictoire

L'expertise contradictoire est-elle obligatoire en matière de falsification, en tant que mesure d'instruction ?

(1) Voir Circul. direct. gén. des cont. ind. du 23 août 1906.

Si nous en croyons la jurisprudence la négative s'impose : « Rien n'oblige le tribunal, dit la Cour suprême, à se prononcer uniquement sur le résultat d'une expertise ; il peut puiser les éléments de preuve et de conviction dans tous les faits de la cause » (1),

Un arrêt de la Cour de Bordeaux ajoute : « En cette matière, comme dans les autres matières criminelles, tous les modes de preuve sont admis, la loi ne contenant aucune restriction à cet égard. La preuve peut donc être faite par les témoignages régulièrement reçus, par la production de documents écrits et par les aveux des inculpés, sans que le juge ait besoin de faire état d'analyses chimiques ou contradictoires ».

Les travaux préparatoires se prononcent dans le même sens : « Il y a, bien entendu, disait le rapporteur M. Thévenet, d'autres moyens de connaître la vérité ; par exemple les livres, la correspondance etc. Les expertises ne sont qu'un mode d'information » (2).

« L'expertise est donc facultative ; même quand il y a été procédé, les conclusions des experts n'ont pas pour effet de lier le juge, qui peut toujours baser sa décision sur d'autres faits. N'existe-t-il pas, au surplus, des fraudes que l'expertise la plus consciencieuse

---

(1) Cass. 12 mai 1906 ; Trib. corr. Seine 13 décembre 1906. D. 1906-2-131 ; *Id.* Douai, 25 avril 1906. *Gaz. Trib*, 1er juin 1906. Journ. de Bordeaux, 13 nov. 1907. Gaz. Trib. Midi 22 mars 1908.

(2) Rapport Thévenet, *Sénat*, doc. parl. *J. off.* du 18 janv. 1899 p. 644.

est, malheureusement, incapable de découvrir, mais qui peuvent résulter d'autres modes de preuve ? » (1)

Mais s'il y a lieu à expertise, celle ci doit être nécessairement contradictoire. Et si le tribunal correctionnel prononçait une condamnation en se basant sur le résultat, exclusivement, d'une expertise qui n'a pas été faite contradictoirement, son jugement serait frappé de nullité. (Cass. 12 janv. Bul. crim. 1907, n° 27).

La condamnation serait valable, par contre en cas où l'expertise étant frappée de nullité, le juge se fondait sur des faits autres que les seules constatations de l'expert. (Cass. 1er mars 1906, *Gaz. Pal.*, 3, 4, 5 juin 1906).

----

(1) POPINEAU. *Lois nouvelles*, loc. cit.

RÉGIME DE L'ALGÉRIE

Un décret du 11 octobre 1907, règlemente la procédure pour l'exécution de la loi en Algérie. Il ne fait que reproduire littéralement celui du 31 juillet 1906, sauf les prescriptions suivantes nécessitées par l'organisation administrative spéciale à cette colonie.

1° Au lieu des arrêtés ministériels, ce sont des arrêtés du gouverneur général qui déterminent pour chaque produit ou marchandise, la quantité à prélever, les procédés à employer pour obtenir des échantillons homogènes, les précautions à prendre pour le transport et la conservation de ces échantillons (art. 7, § 2).

2° Les laboratoires d'analyses départementaux ou communaux sont agréés par une décision du gouverneur général, qui en détermine le ressort. (articles 11 et 12).

3° Les rapports de ces laboratoires sont adressés au préfet du département ou au général commandant la division, dans le ressort desquels a été prélevé l'échantillon, un relevé de ces rapports devant être, de plus, adressé périodiquement par le préfet au gouverneur général et au général de division (art. 13 § 2 et 3).

QUATRIÈME PARTIE

Réglementation spéciale

CHAPITRE PREMIER

Lois spéciales sur les fraudes, antérieures à la loi du 1er août 1905

La loi du 1er août 1905 est, nous l'avons vu, une consécration du droit commun en matière de fraude (1). Mais elle ne porte nullement atteinte aux lois spéciales sur les fraudes qui lui sont antérieures, ainsi que cela ressort des travaux préparatoires et notamment de l'exposé des motifs (2). C'est donc à ces lois qu'il faudra se référer toutes les fois qu'on se trouvera en présence d'une tromperie sur une marchandise déterminée, que l'une d'elles réprime. Sous cette réserve, et en

(1) *Conf.* IIe Partie, Chapitre III.
(2) *J. Off.* du 17 juin 1898, p. 408.

dehors du domaine propre d'application de ces lois spéciales, le droit commun reprendrait son empire, qu'il s'agisse, par exemple, d'une tromperie à l'occasion d'un contrat autre que celui prévu par la loi particulière, ou qu'elle porte sur un objet autre que celui mentionné à cette loi. On ne s'étonnera donc pas de trouver ici un court exposé des lois, qui règlementent la répression des fraudes sur telle marchandise ou tel produit déterminé.

SECTION I

(Loi du 23 Juillet 1824)

Fraudes par noms supposés ou altérés

Cette loi réprime la vente, la mise en vente ou en circulation d'objets marqués de noms supposés ou altérés, autres que celui du fabricant auteur de l'objet, la raison commerciale autre que celle où les objets ont été fabriqués, le nom d'un lieu autre que celui de la fabrication.

Elle ne protège cependant qu'une catégorie d'objets, ceux seulement qui sont fabriqués. La jurisprudence est unanime pour reconnaître qu'elle ne s'étend pas aux produits naturels, bien qu'il y ait quelque hésitation sur le point de savoir s'il en est de même pour les produits agricoles (1).

Les peines encourues par les délinquants ne sont plus comme avant 1905, celles prévues par le Code pénal, art. 423, auquel la loi du 28 juillet 1826 se référait. On se rappelle, en effet, que l'art. 15 de la loi du 1ᵉʳ août 1905 substitue aux pénalités de l'art. 423 du Code pénal et de la loi du 27 mars 1851, celles prescrites par cette loi dans tous les cas ou des lois spéciales renvoient aux textes des dites lois.

Ce sont donc les pénalités de la loi de 1905 qui seraient applicables en cas d'infraction à la loi du 28 juillet 1824 ; et elles s'appliqueraient non seulement aux auteurs de faits matériels d'altération ou de supposition de noms, mais encore aux marchands, commissionnaires ou « débitants quelconques », c'est-à-dire aux personnes visées au § 2 de l'art. 1ᵉʳ de la présente loi, qui font usage ou tentent de faire usage du produit fabriqué.

SECTION II

(Loi du 4 Février 1888)

Répression des fraudes dans le commerce des engrais

Les fraudes qui sont produites à l'occasion d'une vente d'engrais ou d'amendements, sont prévues par la

(1) Orléans, 12 fév. 1882. — D. 1884-2-8. — Paris, 29 juin 1882. — Dal. Rép. *Supp.* Vᵒ *Ind. et Com.*, p. 442, note 1.

loi du 4 février 1888 (art. 1er), de même pour la simple mise en vente ou la tentative de vente des engrais falsifiés. Le même article énonce que ces fraudes peuvent se produire soit à propos de la nature des engrais, de leur composition, du dosage, des éléments qu'ils contiennent, leur provenance, de l'emploi pour les désigner ou les qualifier d'un nom qui, d'après l'usage, est donné à d'autres substances fertilisantes.

Cette loi prévoit les pénalités suivantes en cas d'infraction : emprisonnement de six jours à un mois et amende de cinquante à deux mille francs ou l'une de ces deux peines. En cas de récidive, dans les trois ans qui ont suivi la dernière condamnation, la peine pourra s'élever jusqu'à deux mois de prison et quatre mille francs d'amende.

En ce qui concerne la fin de l'art. 1er ainsi conçu : « Le tout sans préjudice de l'application du § 3 de l'art. 1er de la loi du 27 mars 1851, relatif aux fraudes sur la quantité des choses livrées », il doit être remplacé par le § 4 de l'art. 1er de la loi de 1905, concernant la fraude sur la quantité, qui demeure seul applicable désormais.

Les dispositions relatives à la publicité, prescrites par l'art. 2 de la loi de 1888, doivent aussi être remplacées par les règles sur le même objet de l'art. 15 de la loi de 1905.

Notons, pour signaler un contraste dont on s'explique difficilement la raison, que tandis que la loi de 1905,

art. 8, § 2, permet l'application des circonstances atténuantes aux pénalités qu'elle prévoit, la loi de 1888 ne
l'accepte pas.

SECTION III

(Loi du 25 Avril 1895)

Fraudes dans la vente des sérums thérapeutiques

Les virus atténués, sérums thérapeuthiques, toxines
modifiées et produits analogues pouvant servir à la
prophyloxie et à la thérapeutique des maladies contagieuses, ainsi que les substances injectables, d'origine
organique non définies chimiquement, ne peuvent être
débités à quelque titre que ce soit, sans autorisation
gouvernementale (art. 1er).

L'article 3 punit la vente et la livraison à quelque
titre que ce soit, gratuit ou onéreux, des substances
ci dessus ; les peines de l'art. 423 du Code pénal et de
la loi du 27 mars 1851, qui étaient applicables autrefois,
sont aujourd'hui remplacées par celles de la loi de 1905,
d'après l'art. 15, § 1 et 5 de cette même loi.

La fabrication de ces produits est aussi soumise aux
prescriptions de l'art. 1er de la loi de 1905, dont la
sanction édictée par l'art. 4, consiste en une amende
de 16 à 1000 francs.

SECTION IV

(Lois du 16 Avril 1897 et du 23 Février 1907)

Fraudes dans le commerce des beurres et de la margarine

La loi du 16 avril 1897 défend « de désigner, d'exposer, de mettre en vente ou de vendre, d'importer ou d'exporter, sous le nom de beurre, avec ou sans qualificatif, tout produit qui n'est pas exclusivement fait avec du lait ou de la crème, provenant du lait ou avec l'un et l'autre, avec ou sans sel, avec ou sans colorant ».

C'est la répression de la tromperie sur la nature du beurre. Pour toute autre tromperie sur cette denrée, on reviendrait à la loi du 1er août 1905.

L'article 17 frappe ceux qui emploient sciemment des matières corrompues ou nuisibles à la santé publique, pour la fabrication de la margarine ou de l'oléomargarine. En vertu de l'art. 15, § 1 et 7, les peines encourues sont celles de l'art. 5 de la loi du 1er août 1905, qui remplacent celles de l'art. 423 du Code pénal.

Il est à remarquer que la loi de 1897 a seulement pour objet de protéger le commerce du beurre contre la fraude, qui consiste dans le mélange avec ce produit, d'autres substances similaires qu'elle désigne sous le nom générique de margarine. En dehors de cet objet, par exemple, si on additionne au beurre de l'acide borique, du borate de soude, de l'huile de coco, on retombe dans le droit commun, c'est-à-dire à la loi du 1ᵉʳ août 1905 (1).

La loi du 23 juillet 1907 a eu pour but de substituer les prescriptions du décret du 31 juillet 1906, relatives aux expertises, à celles que la loi du 16 avril 1897 prévoyait en cas de poursuites pour fraudes sur les beurres.

<hr>

SECTION V

(Loi du 11 Juillet 1906)

Fraudes dans la vente de certaines conserves (2)

<hr>

Tout récipient contenant des conserves de sardines, de légumes, de prunes étrangères introduites en France pour la consommation, doit porter l'indication du pays d'origine.

---

(1) Cass. 15 juin 1900 et 26 février 1904, D. (905-1-22, 28 décembre 1906. — *Bull. crim.* 1906, num. 477. — ADDE, Cass. 14 décembre 1907, *Gaz. Pal.* 9 janv. 1908. — Crim. 15 nov. 1907 et 21 nov. 1907, *Gaz. Pal.* 30 nov. 1907.

(2) Voir *Lois Nouvelles*, 1907, p, 534.

Les peines prévues en cas de tromperie sur la nature ou la provenance de ces marchandises sont : amende de cent francs à deux mille francs.

Serait punissable en vertu de cette loi, l'opération du « dépotage » qui consiste, pour les fabricants de conserves françaises, à placer dans des boîtes de sardines portant indication d'origine française, des sardines péchées à l'étranger, si ces boîtes sont d'un poids supérieur à 1 kilog. (art. 2).

Une circulaire du garde des Sceaux aux Parquets du 15 janvier 1907, rappelle les conditions dans lesquelles doit-être, le cas échéant, donnée la main-levée des marchandises de cette catégorie, soit pour la réexportation, soit pour la consommation, l'entrepôt ou le transit des marchandises suspectes. Cette restitution est, conformément aux règles du droit commun, assurée soit par le Parquet, soit par la jurisprudence compétente (juge d'instruction), en cas d'ordonnance de non-lieu, juridiction saisie en cas de poursuite.

CHAPITRE II

Répression des fraudes et falsifications des vins,

eaux-de-vie et spiritueux.

(Décret du 3 septembre 1907) (1).

Adoptant la division employée par le décret du 3 septembre 1907, nous étudierons successivement sous ce titre : *Les mesures de répression des fraudes et falsifications* ; 1° des vins ordinaires ; 2° des vins mousseux ; 3° des eaux-de-vie et spiritueux et 4° les dispositions générales applicables à ces diverses boissons.

---

(1) Nous n'étudierons ici que le décret du 3 sep. 1907, qui se réfère plus spécialement à la loi du 1ᵉʳ août 1905. En ce qui concerne plus particulièrement les vins, on consultera avec profit : *La législation sur le mouillage et le sucrage des vins,* de MM. E. La Clavière et Et. Antonelli, Paris, 1908.

SECTION I

Des vins ordinaires

Le décret cité définit le vin : « Toute boisson qui provient exclusivement de la fermentation de raisins frais ». La vente, la mise en vente, la détention sous le nom de vin de tout produit, qui ne répondrait pas à cette définition, est rigoureusement interdit (art. 1er).

Est-ce à dire, cependant, que le vin ne pourra subir aucune manipulation, et que la moindre opération exercée sur lui, suffira à le rendre suspect ? Assurément non, puisque nous verrons que dans les articles qui suivent, ce même décret permet de traiter le vin suivant certains procédés. On se souvient qu'à propos des falsifications par mélange, nous avons été amenés à déclarer que la loi de 1905 n'interdisait pas les mélanges d'une manière absolue. Dans l'intérêt même des producteurs et des consommateurs, certaines pratiques doivent être tolérées pour bonifier, corriger ou conserver des vins. « Aujourd'hui, dit M. Sénechon (1), le viticulteur est en même temps un industriel. Le souci de ses intérêts le conduit à corriger les imperfections de la nature, en rétablissant l'équilibre des éléments

(1) *Revue Viticole,* num. du 7 juin 1906, p. 125.

constitutifs de ses raisins, à contrebalancer la mauvaise influence des maladies de la vigne. Il agit plus ou moins efficacement pour arrêter le développement des ferments nuisibles, et favoriser celui des levures les plus alcoolisatrices. Pour obtenir des vins de nature ou de genres divers répondant à des besoins variés, il apporte des modifications nouvelles aux anciennes méthodes de vinification. Enfin, pour donner au vin fait toute sa valeur commerciale, sa limpidité, son brillant et pour le soustraire aux altérations, pour flatter à la fois l'œil et le palais du consommateur, le viticulteur et le commerçant se livrent aux opérations qu'ils jugent rationnelles ».

Mais si l'on conçoit que chacun opère à sa guise pour atteindre ce but, on doit admettre aussi que le législateur doit intervenir et fixer, dans l'intérêt du commerce, et de la sécurité de chacun, les modes de vinification afin d'éviter les fraudes et les procédés nuisibles à la santé publique.

Aussi, le décret délimite-t il exactement les manifestations licites, interdisant toutes celles « qui ont pour objet de modifier l'état naturel du vin, dans le but, soit de tromper l'acheteur sur les qualités substantielles ou l'origine du produit, soit d'en dissimuler l'altération » (art. 2).

L'article 3 énumère les opérations licites à l'égard des vins. Ce sont :

1° Le coupage des vins entre eux ;

2º La congélation des vins, en vue de leur concentration partielle ;

3º La pasteurisation ;

4º Les collages au moyen des clarifiants consacrés par l'usage, tels que l'albumine pure, le sang frais, la caséine pure, la gélatine pure ou la colle de poisson ;

5º L'addition du tanin dans la mesure indispensable pour effectuer le collage, au moyen des albumines ou de la gélatine ;

6º La clasification des vins blancs tachés, au moyen du charbon pur ;

7º Le traitement par l'anhydride sulfureux pur provenant de la combustion du soufre et par les bisulfites alcalins cristallisés purs.

Les quantités employées seront telles, ajoute le même article, que le vin ne retienne pas plus de 350 milli-grammes d'anhydride sulfureux, libre et combiné, par litre. En aucun cas, les bisulfites alcalins ne peuvent être employés à une dose supérieure à 20 grammes par hectolitre.

Voilà pour ce qui est des vins. En ce qui concerne les moûts : Indépendemment de l'emploi du plâtre et du sucre dans les limites fixées par les lois du 11 juillet 1891 et du 28 janvier 1903, les opérations permises sont :

1º Le traitement par l'anhydride sulfureux et par les bisulfites alcalins dans les conditions fixées ci-dessus pour les vins ;

2° L'addition de tannins ;

3° L'addition à la cuve d'acide tartrique cristallisé dans les moûts insuffisamment acides. (L'emploi simultané de l'acide tartrique et du sucre, est interdit) ;

4° L'emploi des boures sélectionnées.

Cette énumération n'est pas limitative, les termes de l'article 3 nous le prouvent : « Ne constituent pas des manipulations et pratiques frauduleuses aux termes de la loi, dit-il, etc... » il donne donc des exemples sans déclarer que toutes les autres pratiques soient prohibées. Le tribunal devra donc examiner, lorsqu'il se trouvera en présence d'une manipulation employée par un viticulteur ou un commerçant, si cette dernière est contraire au principe de l'art. 2 du réglement, et ne pas se borner pour prononcer sa décision à considérer si elle est comprise ou non dans l'énumération que fait le décret dans son article 3.

Le phosphatage, par exemple, n'y est pas mentionné, or il n'y a pas de doute que cette opération ne soit permise. Une lettre de M. Roux, chef du service des fraudes au ministère de l'agriculture nous l'apprend : « Le phosphatage, dit-il, n'est pas compris parmi les opérations énumérées comme licites par le règlement d'administration publique du 3 septembre 1907. Mais l'énumération dont il s'agit n'est pas strictement limitative, c'est-à-dire que certaines opérations, bien que non classées par le règlement parmi celles dont l'emploi en vinification est formellement autorisé, peuvent néanmoins être considérés par les tribunaux comme étant d'un usage licite, du moment qu'aucune loi spéciale ne les a pas expressément prohibées (1).

Il importe, cependant, quel que soit le procédé licite employé, que le consommateur soit suffisamment renseigné sur le produit qu'il achète, et que lorsqu'il lui plaira d'exiger, du vin naturel, n'ayant subi aucune préparation, il soit assuré de n'être point trompé. Le décret du 3 septembre 1907 contient un certain nombre de dispositions qui ont pour but de lui donner toute garantie à ce sujet.

D'après l'article 4, il exige que les récipients, emballages, casiers ou fûts portent une inscription mentionnant la dénomination sous laquelle le vin est mis en vente. Ces inscriptions doivent être rédigées sans abréviation, et disposées de façon à ne pas dissimuler la dénomination du produit.

Notons que cette disposition ne s'applique qu'aux « établissements où s'exerce le commerce de détail des vins, » à l'exclusion des marchands en gros (art. 4, § 1er), et que même dans les établissements de détail, elle n'est point imposée pour les bouteilles et les récipients dans lesquels les vins de consommation courante sont emportés séance tenante par l'acheteur, ou servis par le vendeur pour être consommés sur place. (Art. 4, § 2.)

____

(1) Lettre du 14 septembre 1907. *La Revue vinicole*, n· du 26 septembre 1907, p. 229.

Nous verrons plus loin que l'étiquetage demeure nécessaire pour les vins vendus comme crûs classés, même dans le cas ci-dessus.

SECTION II

Des vins mousseux

Les vins mousseux, dit l'article 5, § 5, sont ceux dont : « L'effervescence résulte d'une seconde fermentation alcoolique en bouteilles, soit spontanée, soit produite suivant la méthode champenoise. »

Tout autre vin ne peut être qualifié « mousseux » et être exposé, mis en vente ou vendu comme tel.

Toutefois, les vins mousseux pourront subir, sans infraction, les pratiques prévues pour les vins ordinaires, en y ajoutant :

1° Les manipulations et traitements connus sous le nom de méthode champenoise ;

2° La gazéification par l'addition d'acide carbonique pur.

Toutes les dispositions au titre 1er que nous venons de voir, et particulièrement, celles relatives aux inscriptions à mettre sur les récipients s'appliquent aux vins mousseux.

Cependant l'article 4 *in fine* prévoit une dénomination spéciale pour les vins gazéifiés par l'addition d'acide carbonique. Le projet primitif excluait de la qualification de « vins mousseux », tous ceux autres que les seuls vins mousseux naturels ou champagnisés. Mais on est revenu sur cette prescription, et on permet de qualifier ces vins de « mousseux », pourvu que l'on fasse suivre cette appellation du terme «fantaisie », ou encore qu'on la fasse accompagner d'un qualificatif qui différencie le vin gazéifié des vins mousseux naturels ou champagnisés, de telle façon qu'aucune confusion ne soit possible, dans l'esprit de l'acheteur, sur le mode de fabrication employé, la nature ou l'origine du produit.

Le terme « fantaisie » lorsqu'il figurera dans les inscriptions, devra être imprimé avec des caractères identiques à ceux du mot « mousseux » (art. 7, § 5).

SECTION III

Des eaux-de-vie et spiritueux

Le Titre III du décret du 3 septembre 1907, réglemente la vente, mise en vente ou exposition des eaux-de-vie de vin, alcool de vin, esprit de vin ; — eaux-de-vie de cidre ou de poirée ; — eaux-de-vie de marc ou marc ; — kirsch ; — eaux-de-vie de fruits, genièvre, rhum, tafia. De chacun de ces produits il donne une définition, et interdit le commerce de ceux qui n'ont pas un droit exclusif aux dénominations citées.

« Les eaux-de-vie de vin, dit-il, d'alcool de vin ou d'esprit de vin sont les produits provenants de la distillation exclusive du vin tel qu'il est défini au titre 1er du présent règlement. » (§ 2.)

« Les eaux-de-vie de cidre et de poirée sont les produits provenant de la distillation exclusive des cidres et poirés. » (§ 3.)

« L'eau-de-vie de marc ou marc est l'eau-de-vie provenant de la distillation exclusive des marcs de raisin frais additionnés ou non d'eau. » (§ 4.)

« Le ikrsch est le produit exclusif de la fermentat'on alcoolique et de la distillation des cerises ou des merises. » (§ 5.)

« Les eaux-de-vie de prunes mirabelles, quetsels ou de tous autres fruits sont le produit exclusif de la fermentation alcoolique et de la distillation desdits fruits. » (§ 6.)

« Le genièvre est la boisson alcoolique obtenue, dans les conditions prévues à l'article 15 de la loi du 30 mars 1902, par la distillation simple en présence de baies de genièvre, du moût fermenté, de seigle, de blé, d'orge ou d'avoine. » (§ 7.)

« Le rhum ou le tafia sont le produit exclusif de la fermentation alcoolique et de la distillation soit du jus de la canne à sucre, soit des mélasses ou sirops provenant de la fabrication du sucre de canne. » (§ 8.)

Les mélanges et les coupages d'eaux-de-vie ne sont pas interdits par le décret. Celui-ci prescrit seulement des mesures pour éviter que l'acheteur soit trompé sur la composition de ces mélanges, et règlemente la dénomination de ces produits.

Les mélanges d'eaux-de-vie de cidre, de poiré, de prunes mirabelles, quetsels ou de tous autres fruits avec de l'eau-de-vie de vin ou avec des alcools d'industrie, de même que les mélanges d'eaux-de-vie de vin et d'alcools d'industrie, peuvent conserver l'appellation unique « d'eau-de-vie », sans aucune autre désignation.

D'après 'M. Popineau, on pourrait même conserver leur nom d'origine, mais à la condition, comme pour les mélanges suivants, de faire accompagner ce nom du terme « fantaisie », ou d'un qualificatif indiquant bien qu'il s'agit d'un mélange.

Les mélanges d'eaux-de-vie de marc, de kirsch, de rhum ou de tafia avec des eaux-de-vie ou avec des alcools d'industrie, peuvent aussi être désignés sous leur nom spécifique, mais accompagné du terme « fantaisie » comme « eaux-de-vie de marc fantaisie » ou « rhum fantaisie », ou bien encore d'un qualificatif qui les différencie du produit ainsi défini, de telle façon qu'aucune confusion ne puisse se produire, dans l'esprit de l'acheteur, sur la nature, ou l'origine des produits.

Des mesures identiques ont été prescrites pour protéger les appellations régionales et de crus particuliers réservés aux eaux-de-vie et spiritueux.

Le règlement interdit de désigner sous le nom de « Cognac » des eaux-de-vie autres que celles provenant des Charentes ; de « Fine champagne » les eaux-de-vie autres que celles d'une partie de la Charente ; de « eaux-de-vie de Bourgogne », « eaux-de-vie de Montpellier », les eaux-de-vie autres que celles provenant uniquement de la distillation de vins de ces pays, etc.

Les mélanges d'eaux-de-vie de régions différentes, ne peuvent pas porter l'appellation réservée tant à l'une qu'à l'autre de ces régions. Par exemple, un cognac mélangé avec de l'armagnac ne peut être appelé ni « cognac », ni « armagnac », mais seulement « eau-de-vie de vin. »

L'article 9, prescrit pour les eaux de-vie et spiritueux les mêmes mesures que celles prises pour les vins ordinaires, pour l'authentification à la vente au détail.

Notons, cependant, que cette prescription légale ne comporte pas d'exception, comme pour le commerce des vins, quand les eaux-de-vie sont consommées sur place. Elle s'applique donc, dans toute son étendue, aux consommations servies dans les cafés ou débits de liqueurs de toute sorte.

Le mot « fantaisie » et « la dénomination du produit » doivent être en caractères identiques.

SECTION IV

Dispositions générales applicables aux vins eaux-de-vie et spiritueux

---

Pour assurer la répression de la tromperie sur l'origine des marchandises, les articles 11, 12, 13 du règlement du 3 septembre 1907, ont pris certaines dispositions. Non pas qu'ils règlent la question très importante et très délicate de la délimitation des territoires auxquels appartiennent exclusivement certaines appellations régionales, telles que Champagne, Bordeaux, Bourgogne, Cognac, Armagnac (1), ce soin a été laissé à des règlements postérieurs spéciaux.

De sorte qu'aujourd'hui, encore, et en attendant ces règlements, il appartient aux tribunaux d'assurer la protection des appellations régionales et des crûs particuliers.

Le décret du 3 septembre 1907 s'est contenté de

---

(1) Voir à ce sujet interpellation de M. Castillard, *Chambre des députés* 13 juin 1907. *J. off.* 14, p. 1360 et s. ; au *Sénat*, de M. Vallé, 11 juillet 1907. *J. off.* 12, p. 895 et s.

réglementer l'apposition de certains signes sur les papiers de commerce ou autres, ou bien sur les produits eux mêmes, de manière à ce qu'aucune confusion ne soit possible pour le consommateur, quant à la nature et à l'origine des produits.

Aux termes de l'article 13, « l'emploi de toute indication ou signe susceptible de créer dans l'esprit de l'acheteur une confusion sur la nature ou sur l'origine des produits visés, c'est-à-dire des vins, eaux-de-vie et spiritueux, lorsque d'après la convention ou les usages, la désignation de l'origine attribuée à ces produits devra être considérée comme la cause principale de la vente, est interdite en toutes circonstances et sous quelque forme que ce soit. A titre d'exemple, le même article cite parmi les objets sur lesquels ces mentions devront être évitées :

1° Les récipients et emballages ;

2° Les étiquettes, capsules, bouchons, cachets ou tout autre appareil de fermeture ;

3° Dans les papiers de commerce, factures, catalogues, prospectus, prix-courants, enseignes, affiches, tableaux-réclames, annonces, ou tout autre moyen de publicité.

L'expérience a, en outre, révélé certaines pratiques que le décret a prévues d'une façon particulière. Certains commerçants font figurer sur leur papier de commerce le nom de régions ou de crus où ils ne possèdent rien en réalité. Le timbre de la poste contribue à donner l'illusion à l'acheteur, qui reçoit de son vendeur des produits n'appartenant nullement à la région mentionnée (1).

A l'inverse, certains propriétaires-viticulteurs, négociants ou commerçants résidant dans une localité qui constitue une appellation désignant un produit ayant un droit exclusif à cette dernière, envoient des produits étrangers à cette localité. Par exemple, un négociant de Cognac expédie des eaux-de-vie de toute autre provenance.

Enfin, il se trouve encore des personnes peu scrupuleuses qui tirent parti d'une confusion résultant de ce que plusieurs localités portent un même nom, bien que situées dans des régions différentes.

Les articles 11 et 12 se sont occupés de prévenir le renouvellement de ces abus. Il est interdit, d'après le premier, à toute personne se livrant au commerce des vins ou des eaux-de-vie et spiritueux, de faire figurer sur ses étiquettes, marques, factures, papiers de commerce, emballages et récipients, la mention « propriétaire à », « viticulteur à », « négociant à » ou « commerçant à » suivie du nom d'une région ou d'un crû particulier sur le territoire desquels elle ne possède ni propriétés, ni vignoble, ni établissement commercial.

Et l'article 12 décide que lorsqu'un nom de localité

______

(1) Voir *Ch. dép.* 15 nov. 1904. — *J. Off.* du 16, p. 3064. — ADDE *Ch. dép.* 22 fév. 1905. — *J. Off.* 23, p. 489.

constitue une appellation désignant un produit qui a un droit exclusif à cette appellation, les propriétaires viticulteurs, négociants ou commerçants résidant dans cette localité, quand ils mettent en vente ou vendent un produit n'ayant pas droit à la dite appellation, peuvent bien faire figurer sur leurs étiquettes, marques, factures, papiers de commerce, emballages et récipients, le nom de ladite localité, mais il ajoute qu'ils doivent, eux aussi, faire précéder ce nom des mêmes mots : « propriétaire à », « viticulteur à », « négociant à », ou « commerçant à », suivis de l'indication du département où est située la localité, le tout imprimé en caractères identiques.

L'infraction à ces prescriptions, alors même qu'elle ne constituerait pas un délit de tromperie, serait punissable des pénalités qui sanctionnent les règlements d'administration publique.

Mouillages et sucrages des Vins.

A la suite des troubles violents qui éclatèrent dans le Midi de la France en juin 1907, troubles provoqués par la crise vinicole, deux lois furent votées le 29 juin 1907, et le 15 juillet 1907, concernant le mouillage et le sucrage des vins.

Ces manipulations, nullement nuisibles à la santé, ont été réprimées, pour éviter la concurrence déloyale, qui causait la ruine des exploitations agricoles (1).

____

(1) Voir LA CLAVIÈRE et ANTONELLI, *Législation sur le sucrage et le mouillage des vins,* p. 215 et s.

CHAPITRE III

Répression des fraudes et falsifications des graisses et huiles comestibles.

Décret du 11 mars 1908

Ce décret a été rendu conformément à l'article 11 § 2 de la loi du 1er mai 1905, pour réglementer spéciale-ment la vente des graisses et des huiles comestibles, et indiquer de quelle manière seront appliqués pour ces produits les principes de la dite loi sur les fraudes.

SECTION I

Des graisses et saindoux

On ne peut détenir, vendre, mettre en vente ou transporter en vue de la vente sous le nom de « sain-doux », « saindoux pure panne » et de « graisse » des produits qui ne sont pas conformés à la définition que les articles 1 et 2 du décret du 11 mars 1908 donne de ces dénominations.

Le « saindoux » est tout produit provenant exclusivement des tissus adipeux du porc.

Le « saindoux pure panne » est le produit provenant exclusivement de la panne de porc.

La « graisse » est toute matière grasse comestible concrète à la température de 15 degrés, autre que le beurre et le saindoux, à l'état pur.

Le mot « graisse » ne pourra cependant jamais être employé seul, on devra y joindre l'indication de la matière animale ou végétale d'où la graisse est tirée. L'acheteur ne pourra de cette manière être trompé sur la nature du produit qu'il acquiert. On ne pourra vendre, par exemple sous le nom de « graisse de porc » un produit composé de suif de bœuf et d'huile végétale, (Trib. correct. Toulouse 3 décembre 1907).

Le saindoux ordinaire et le saindoux pure panne, ne pourront être vendus sous ce nom, que s'ils sont rigoureusement purs et s'ils ont été obtenus par extraction à chaud (art. 2 *in fine*). Toute manipulation susceptible de modifier leur composition naturelle ou leur teneur en principes utiles, est interdite à moins qu'elle ne soit clairement indiquée dans la dénomination que l'on donnera au produit ainsi obtenu.

Les mélanges de ces diverses matières grasses sont autorisés, sous certaines conditions cependant, qui ont toutes pour but d'éviter les tromperies dont pourrait être victime l'acheteur. S'il s'agit de mélange de saindoux à d'autres matières, les dénominations à inscrire sur les produits nouveaux devront nettement les distinguer des substances pures.

En ce qui concerne les graisses, mêmes prescriptions à observer, pour tout mélange concret à la température de 15 degrés de matières grasses comestibles pures, concrètes ou fluides, à l'exception du beurre et de la margarine pour lesquels on se référera à la loi du 16 avril 1897.

Le décret permet cependant de faire accompagner les dénominations usitées dans le commerce pour désigner ces mélanges, de l'indication d'un ou de plusieurs des éléments constituant les mélanges ; mais il sera indispensable alors, d'indiquer avec cette mention complémentaire la proportion dans laquelle le ou les éléments dénommés entrent dans le mélange.

Toutes les dénominations et mentions ci dessus prévues, devront être imprimées en caractères identiques.

SECTION II
Des huiles comestibles

§ I. — *Huiles pures*.

Le nom d' « huile d'olive », « huile de noix », « huile d'œillette », ou de tous autres fruits ou graines ne peut être donné, d'après l'article 3 du décret du 11 mars 1908, qu'aux huiles qui sont exclusivement fabriquées avec des olives, des noix ou des fruits ou graines indiquées dans la dénomination employée.

Tout produit dans lequel l'analyse révèlerait la présence d'une huile étrangère quelle qu'en soit la proportion, serait déclarée frauduleuse, s'il est détenu, vendu mis en vente, ou transporté en vue de la vente, sous l'une des dénominations que nous venons d'indiquer. Il en serait ainsi, que ces dénominations soient ou non accompagnées de qualificatifs tels que « pure, fruitée, douce, ou même mélangée »

§ II. — *Huiles mélangées*

Les mélanges ou coupages d'huiles sont autorisés. Il n'y a d'après le décret aucune falsification à les opérer. Le but du commerçant dans ces diverses manipulations n'est-il pas de composer une huile alimentaire, façonnée au goût du client, saine, parfaitement et agréablement comestible ? On a reconnu qu'il n'y avait rien, qui ne soit nutritif et digestif dans un mélange par exemple, d'huile d'olive et d'huile de coton ou d'arachide, etc...

Bien mieux, M. Caseneuve, le savant professeur, député de Lyon, déclarait à la tribune de la Chambre : « Les coupages dans les huiles sont aussi *nécessaires* que dans les vins » (1). M. Thierry, député, disait

(1) *Chamb. dép.*, 17 1nov. 904, *J. Off.* du 18, p. 2493.

aussi en parlant des vins et des huiles : « Si vous dé-
fendiez le coupage dans l'une et dans l'autre des deux
matières, vous priveriez le commerce français d'un élément, d'une condition d'exportation qui se chiffre par
plusieurs millions ». Et il ajoute encore : « Je reven-
dique les droits du commerce de l'huile d'olive à raison
de ses qualités intrinsèques et je demande pour ce produit l'exclusivité absolue de sa dénomination. Mais il y
a dans le commerce des huiles de table (1), une branche de l'exportation qui n'est pas à dédaigner. L'Amérique du Sud notamment ne consomme guère que ces
huiles alimentaires françaises ; nous avons là un dé-
bouché de haute importance pour une marchandise,
*très goutée, très belle et qui nous fait le plus grand
honneur* » (2).

Il n'y a donc rien de nocif et de répréhensible dans
les mélanges des huiles végétales, contrairement à ce
que l'ont prétendu certains détracteurs. Aussi, nous
l'avons dit, le décret du 11 mars 1908 les autorise t-il
sans restrictions.

Cependant, comme il est indispensable que l'acheteur « ne soit pas induit en erreur » sur l'objet qu'on lui
livre, le même décret prescrit une série de mesures,

---

(1) Nous verrons plus loin que sous ce nom on désigne les
huiles mélangées.

(2) *J. Off.*, *loc. cit.*

qui toutes ont pour but de révéler la nature exacte du produit mis en circulation.

D'après l'article 4, on pourra employer pour désigner ces mélanges les dénominations usitées dans le commerce. Mais quelles sont ces dénominations consacrées par l'usage ? Nous ne croyons pas pouvoir mieux répondre à cette question, qu'en citant celles que donnait le ministre de l'Agriculture M. Ruau, dans une lettre du 31 octobre 1907 : « Il n'est nullement frauduleux, y est-il dit, de mélanger des huiles d'olive, avec d'autres huiles végétales comestibles, lorsque ces mélanges sont vendus sous une dénomination générique (huile de table, comestible, blanche, douce, fine, surfine, etc.)»

Les dénominations « d'huile de table », « huile comestible », « huile blanche », « huile douce », « huile fine », « huile surfine », doivent donc être à bon droit regardées comme propres à désigner les mélanges d'huiles, aux termes de l'article 4.

On pourrait aussi, comme pour les graisses, les désigner sous les dénominations d'un ou de plusieurs des éléments qui les constituent ; mais il serait alors indispensable « que la mention complémentaire fasse connaître exactement la proportion dans laquelle le ou les éléments dénommés entrent dans le mélange », par exemple, « huile d'olive mélangée à 30 0/0 d'huile de coton » ou « huile de coton mélangée à 50 0/0 d'huile d'arachide » etc. Ceci pour ne pas permettre de confusion dans l'esprit de l'acheteur, car la seule dénomina-

tion « huile d'olive mélangée » pourrait laisser supposer que le mélange a été fait avec des huiles d'olive de
qualités différentes, non pas avec de l'huile d'olive et de
l'huile de coton.

Toutes ces dénominations devront être inscrites sur
les récipients et les emballages, dans lesquels les marchandises sont logées pour être vendues, mises en
vente ou transportées en vue de la vente (art. 7).

En ce qui concerne les marchandises détenues, il
faut faire une distinction. Ces dénominations n'ayant
d'autre utilité que celle d'éclairer l'acheteur, il est bien
évident que par « établissement ou s'exerce le commerce des huiles » le décret n'entend que les établissements ou le public à accès. Une telle prescription ne se
comprendrait pas pour les magasins ou s'opère les
manipulations des huiles, et dont l'accès n'est point
libre. L'article 7 ne s'applique donc qu'aux magasins
tels que les épiceries, ou encore les dépôts établis dans
telles villes ou telles régions par un commerçant, et où
viennent s'approvisionner les acheteurs de ces mêmes
villes ou de ces mêmes régions.

Toutes les inscriptions indiquées ci-dessus, devront
être écrites ou imprimés en caractères identiques. Elles
devront être rédigées sans abréviation et disposées de
façon à ne pas dissimuler la dénomination du produit.

§ III. — *Origine et provenance des huiles*

Obéissant aux mêmes considérations que celles qui

dictèrent l'article 12 et 13 du décret du 3 septembre 1907 sur la répression des fraudes dans les vins (1), et dans le but de réprimer des abus identiques en ce qui concerne les huiles, le décret du 11 mars 1908, article 5, interdit « à toute personne se livrant au commerce des huiles de faire figurer sur ses étiquettes, marques, factures, papiers de commerce, emballages et récipients, l'indication « propriétaire à... », « oléiculteur à... », « négociant à .. », « commerçant à... » suivie du nom d'une région ou d'une localité dans laquelle elle ne possède ni propriété, ni culture, ni établissement commercial ou industriel ».

Cette disposition, dans les termes, où elle est exprimée, semble devoir être d'une rigoureuse application, mais cette rigueur n'est qu'apparente. Quelques mots d'explication en feront comprendre l'exacte signification.

Si l'on remonte à l'idée directrice de cet article 5, on trouve que le règlement y a voulu tracer les moyens de réprimer la tromperie sur l'origine et la provenance des huiles.

Ces dernières, en effet, sont plus ou moins appréciées par certains acheteurs, suivant les pays d'où elles proviennent. Pour les huiles d'olives, par exemple, les uns préfèrent les huiles d'olive de Provence, provenant de la région de Marseille et d'Aix, d'autres les huiles

(1) Voir ci-dessus III* partie, chap. III, section IV.

d'olive de Nice, provenant de la région de Nice, d'autres encore les huiles d'olive du Var, provenant du Var.

Le meilleur moyen qui s'offre à l'acheteur pour être assuré de recevoir de l'huile d'olive de l'origine qu'il préfère, est de s'adresser directement au commerçant du pays de productions de cette huile. Or, il se produisait ceci : certains commerçants, exploitant un commerce, sous des raisons sociales, dont le siège était dans des régions distinctes, expédiaient leurs marchandises de leurs magasins ou fabriques situés seulement dans l'une de ces régions. Ils se trouvaient ainsi avoir plusieurs clientèles ayant des préférences d'origine *différentes*, à qui était expédiée la *même* marchandise. Il y avait là, vraisemblablement pour un certain nombre de consommateurs, une tromperie flagrante sur l'origine et la provenance des huiles qui leur étaient adressées.

Le règlement du 11 mars 1908 a voulu réprimer ce procédé frauduleux ; et il a pris les dispositions nécessaires pour empêcher, qu'un négociant au moyen d'un simple bureau, installé dans une région déterminée, puisse faire croire aux acheteurs qu'il expédiait ses marchandises de cette même région où il n'avait en réalité, ni fabrique, ni magasins, ni entrepôts.

Nous en concluons que d'après l'article 5 une personne peut se dire, par exemple, « commerçant à Marseille » si elle a d'une part le siège de sa raison sociale dans cette ville, et si elle expédie, d'autre part, ses marchandises, de ses magasins situés soit à Marseille même, soit à Aix, soit à Salon, soit sur un point quelconque de la région où se fabriquent les huiles d'olive de Provence, « d'après les usages ». Par contre il lui serait interdit de se dire « commerçant à Marseille » si, ayant toujours le siège de sa raison sociale dans cette ville, elle n'avait de fabriques, ou de magasins d'expédition que dans la région de Nice, car l'acheteur serait exposé à recevoir des huiles d'olives de provenance de cette dernière région, alors que s'adressant à Marseille, il escomptait recevoir des huiles d'olive de Provence.

Notons encore que l'article 5 interdit à toute personne de se dire « commerçant à... » etc. suivi du nom « d'une région ou d'une localité » dans laquelle etc... » Il faudrait, par conséquent, observer les mêmes prescriptions que ci-dessus, si, dans une même région, les huiles provenant de telle localité déterminée, avaient, toujours d'après « la convention ou les usages », une particularité quelconque qui les fasse rechercher spécialement.

En ce qui concerne la qualification « propriétaire à... » il reste bien entendu qu'elle ne peut-être suivie que du nom de la région ou de la localité où se trouve la propriété possédée.

L'article 6 complète l'article 5 pour ce qui est de l'origine et la provenance des huiles. Il interdit l'emploi de toute indication ou signe susceptible de créer une confusion à ce sujet dans l'esprit de l'acheteur. Ces signes ou indications sont multiples, signalons cependant, que celui qui ne vend pas exclusivement que des huiles d'olives, ne peut employer la simple mention « huiles d'olives » mais il pourra mentionner « huiles de toute nature et de toute provenance ». De même celui qui ne fabrique pas, ne peut employer la mention « fabrique d'huile » par contre il lui est loisible de mettre « huilerie » cette dernière dénomination servant à indiquer tout établissement où s'opère la manipulation des huiles.

Les tribunaux auront toutefois à apprécier si la désignation de l'origine attribuée à ces produits par les mentions indiquées, doit être considérée comme cause principale de la vente. Ainsi la mention « de Provence », jointe au nom de la localité où est domicilié le commerçant habitant cette région n'est pas interdit, par exemple sur une facture d'huile de table (mélange d'huile de différentes espèces), car l'acheteur a acheté cette huile non pas parcequ'elle était de Provence, mais tout simplement parceque c'était de l'huile comestible, saine et agréable au goût (1).

L'emploi des indications ou signes, susceptibles de créer dans l'esprit de l'acheteur une confusion sur la nature ou sur l'origine des produits visés au présent

(1) Voir sur ce point discours de M. SARRAUT, député Ch. dép. 1re sc. 23 fév. 1905. *J. off*. 24, p. 490.

décret, est interdit en « toutes circonstances et sous quelle forme que ce soit. L'article 6 cite, sans que cette énumération soit limitative, les objets sur lesquels elles ne pourront être inscrites, ce sont :

1º Les récipients et emballages.

2º Les étiquettes, capsules, bouchons, cachets ou tout autre appareil ou fermeture.

3º Dans les papiers de commerce, factures, catalogues, prospectus, prix-courants, enseignes, affiches, tableaux-réclames ou tout autre moyen de publicité.

§ IV. — *Tromperie sur la quantité*

« L'inscription portée sur les récipients ou emballages dans lesquels la marchandise est livrée doit indiquer, en caractères apparents soit le *poids net*, soit le poids brut et la tare d'usage ». Ceci afin d'éviter la tromperie sur la quantité des « huiles livrées ». (art. 7 § 2).

Que doit-on entendre par *poids net ?* D'après Littré, le poids net est le poids d'une chose sans ce qui la contient ou l'enveloppe.

C'est la définition que nous devrions adopter si nous nous trouvions en tout autre matière que celle sur laquelle nous discutons. Nous ne devons pas oublier en effet, que nous sommes en matière juridique commerciale, et que ce n'est pas dans le dictionnaire, mais dans le Code que nous devons chercher une définition.

Or, notre législation a précisément prévu le cas, et la loi du 13 juin 1866, « concernant les usages commerciaux » nous apprend ce que c'est que « le poids net » au point de vue juridique (1).

Cette loi nous enseigne qu'il y a une distinction à faire à propos de la signification du « poids net » : Si la marchandise est contenue dans un emballage, le poids net est celui de cette marchandise à l'exclusion de son contenant. »

« S'il y a deux emballages, l'emballage intérieur en tant qu'il est considéré dans l'usage comme marchandise, et qu'il est conforme aux habitudes du commerce, *est compris dans le poids net.*

Appliquons cette solution aux huiles, le poids net à mentionner sur le récipient ou l'emballage, sera celui de la marchandise à l'exclusion de son contenant, s'il n'y a qu'un emballage.

Ce sera au contraire le poids formé par l'emballage intérieur et la marchandise réunis, s'il y a deux emballages, puisqu'il est un usage constant dans le commerce des huiles, d'après lequel l'emballage intérieur est considéré comme marchandise.

On ne saurait objecter contre cette interprétation que la loi du 13 juin 1866 a été abrogée par les présentes dispositions. Nous savons, en effet, que dans son article 14, la loi du 1er août ne comprend pas

(1) Loi du 13 juin 1866. Tableau annexé à l'art. 1er §§ 1 et 6.

cette loi parmi les textes qu'elle abroge (1), d'autre part il ne s'y trouve aucune prescription qui permette de croire que cette dernière soit abrogée au moins tacitement.

Quant au décret du 11 mars 1908, il ne pourrait à lui seul se substituer à une loi encore en vigueur (2). Du reste aucun de ses termes ne laisse supposer qu'il ait voulu dire autre chose que ce que dit la loi du 13 juin 1866, à moins que l'on veuille prétendre que les auteurs du décret aient ignoré les dispositions de cette loi ! Mais ce serait alors tomber dans le domaine de l'absurde.

Vainement objecterait-on encore que la loi du 13 juin 1866 étant une loi générale, le décret du 4 mars 1908, qui, lui, est spécial aux huiles a abrogé ladite loi en ce qui concerne ces denrées, nous répondrons comme dessus qu'un décret ne peut pas abroger une loi.

Le poids net à indiquer sur les récipients ou emballages doit donc être compris comme le définit la loi du 13 juin 1866, et le décret de 1908 n'a certainement pas voulu ni pu innover en la matière.

L'obligation de cette mention, s'impose aussi bien aux commerçants qui vendent aux poids qu'à ceux qui vendent au litre (3) ou au moyen de tout autre mesure.

(1) Voir IIme Partie. Appendice.
(2) Une loi ne peut être abrogée que par une autre loi.
(3) A la suite des démarches faites dernièrement (juin 1908) par des délégués du commerce des huiles de Marseille, Aix et

Le paragraphe 2 de l'article 7 ne fait en effet aucune distinction. On doit quel que soit le mode de vente, indiquer soit le poids net, soit le poids brut et la tare d'usage, en caractères apparents ; le règlement est formel sur ce point.

Cependant l'omission qui pourrait en être faite, ne constituerait pas à elle seule un délit de tromperie aux termes de la loi du 1er août 1905. Il n'y aurait là qu'une infraction aux dispositions du règlement d'administration publique, punissable en vertu de l'art. 13 de la loi de 1905 de peines de moindre importance.

Exportation.

Les huiles destinées à l'exportation, sont soumises aux prescriptions du présent décret, et aux dispositions de la loi du 1er août 1905, comme celles qui sont destinées, au commerce intérieur.

Cela provient de ce que l'article 4 § 1er, du décret du 31 juillet 1906 permet de faire des prélèvements d'échantillons dans les entrepôts, gares et ports d'arrivée et de départ, etc.

Salon, à la tête desquels se trouvait M. Henri Gamel, membre de la Chambre de commerce de Marseille, les ministres du Commerce et de l'Agriculture se sont mis d'accord pour permettre aux commerçants qui vendent au litre d'indiquer sur les récipients non pas le poids mais le nombre de litres.

Toutefois il n'en sera ainsi, qu'autant que la marchandise voyagera ou sera en dépôt sur le territoire
français. Une fois la frontière franchie, la loi française
lui devient inapplicable, car les lois et règlements de
police ne peuvent être mis en vigueur, d'après les principes du droit international, que sur le territoire du
pays régi par l'autorité dont émanent ces lois et
règlements.

§ V. — *Dispositions transitoires.*

Le décret du 11 mars 1908 porte dans son article 8,
qu'il ne sera exécutoire que dans un délai de trois mois
à dater de sa publication. A la suite des démarches
dont nous parlons, page 253, note 1, ce délai a été
augmenté de deux mois. Indiquons à ce propos qu'à
l'expiration de ces cinq mois, les marchandises qui
se trouveraient dans des dépôts régionaux, des magasins de détail, des épiceries, etc., doivent être conformes aux prescriptions du décret, alors même
qu'elles auraient été expédiées antérieurement au jour
où le décret aura été exécutoire.

CONCLUSION

Après avoir étudié toutes les dispositions qui ont été édictées, à ce jour, sur cette importante question des fraudes, il nous sera permis de constater que le législateur est loin d'avoir terminé la tâche qu'il s'est imposée.

Si, en effet, la réglementation spéciale, dont la nécessité a été reconnue, est un fait accompli pour un certain nombre de marchandises, il reste encore bien des substances telles que les viandes, les coquillages (1), les miels, les semences etc. qui attendent encore le décret qui doit les régir.

Aussi est-il difficile de pronostiquer les résultats qui pourront être obtenus, puisque « La loi vaudra ce que vaudront les règlements d'administration publique » d'après M. Dauzon (2).

Cependant, nous devons reconnaître à cette loi une qualité qui nous permet de bien augurer de son application.

(1) Les règlements d'administration publique sur les viandes et les coquillages sont actuellement en préparation.
(2) Rapport à la Chambre des députés.

En élaborant l'importante réforme de la loi du 1er août 1905, notre législateur s'est laissé guider par cette idée que, s'il importe de ne pas laisser impunis les empoisonneurs et ceux, qui par leurs manœuvres exploitent le consommateur et jettent le discrédit sur les commerces les plus honnêtes, il importe avant tout d'empêcher le poison de faire des victimes et le mensonge de produire ses effets pernicieux ; avant de songer à punir les coupables et à réparer le mal accompli, il faut le prévenir.

« Il vaut mieux prévenir que punir » disait M. Mougeot à la tribune de la Chambre des députés (1), et il ajoutait : « Notre but n'est pas seulement de frapper les faits délictueux accomplis, mais aussi de prévenir la fraude par la perspective de la sévérité des sanctions pénales. Nous voulons que ceux qui auraient l'intention de frauder voient un intérêt plus grand à ne pas commettre l'acte répréhensible, qu'ils se proposent, en considérant la gravité des peines qu'ils peuvent encourir. »

Cette intention du gouvernement et du Parlement a été pleinement réalisée. Aussi bien, devons-nous reconnaître, que le procédé d'intimidation employé dans cette loi est un excellent moyen de prévention. La crainte du gendarme, dit-on, est le commencement de la sagesse ; et il est certain que désormais des fraudeurs de profession pris d'une crainte salutaire devant la gravité des

(1) Ch. dép. 17 nov. 1904, *J. Off.*, 18 nov. 1904.

sanctions pénales, resteront honnêtes gens, parcequ'ils ne pourront pas faire autrement.

Dans ces conditions, il y a lieu d'espérer que notre nouvelle loi sur les fraudes rendra de plus en plus rares les faits délictueux qu'elle prévoit. Ce résultat ne soulèverait pas le moindre doute, si l'on s'en tenait aux statistiques de la Belgique à laquelle nous avons emprunté le principe de notre nouvelle législation sur les fraudes ; elles établissent que dans les deux dernières années qui ont suivi la promulgation de la loi du 4 août 1894, le pourcentage des échantillons reconnus mauvais parmi ceux qui ont été prélevés est tombé de trente à dix pour cent. (1)

Mais il ne faut pas oublier, que les règlement d'administration publique doivent régler l'application pratique de la loi ; et que d'eux dépend l'efficacité des moyens de lutte, qu'elle a voulu synthétiser contre toutes les fraudes.

----

(1) Chamb. dép., 17 nov. 1904. *J. Off*, du 18 nov. 1904.

BIBLIOGRAPHIE

BLANCHE. — *Droit pénal* ; Tomes V et VI.

BÉDARRIDE. — *Commentaire du Code de commerce. Dol et Fraude.*

BURKER. — *Traité des Falsifications des Fraudes alimentaires.*

CAUVÈS. — *Traité d'économie politique,*

CHAUSON. — *La loi du 16 avril 1897 concernant la répression de la fraude dans le commerce du beurre et de la margarine.*

COLLY. — *Rapport sur le budget du laboratoire municipal de Paris. 1901.*

COURCELLE-SENEUIL. — *Economie politique.*

DESCLOZEAUX. — *Code des Falsifications agricoles, industrielles et commerciales.*

DELAMARRE. — *Traité de police. T. IV.*

DROZ. — *Economie politique.*

EMION. — *Des délits et des peines en matière de fraudes commerciales.*

De Fontenelle, F. Malepeyre et Dalican. — *Huiles végétales et animales.*

Fraisse. — *De la répression de la fraude dans la vente des marchandises.*

Garraud. — *Droit pénal* T. V et VI.

Guy du Rousseau de Lacombe. — *Traité des matières criminelles.*

Gosset. — *De la répression des fraudes dans la vente des marchandises.*

Jouin. — *De la répression de la fraude dans les marchandises.*

Jousse. — *Traité de Justice criminelle.*

La Clavière et Antonelli. — *Législation sur le mouillage et le mouillage des vins.*

Lepestre. — *Questions de droit.*

Leroy-Beaulieu. — *Economie politique.*

Maigne (M). — *Traité de laiterie : laits, beurres, fromages, etc., et méthodes pour reconnaître les falsifications de ces substances alimentaires.*

Maigne (M). — *Falsihcations des vins.*

Million. — *Traité des fraudes en matière de marchandises.*

Merlin. — *Répertoire.*

Michel Lechevalier. — *Economie politique.* T. II.

Robé (Ch.), — *La législation nouvelle sur les fraudes.* (1900).

Revues et Recueils de Jurisprudence

Dalloz

Sirey.

Gazette du Palais.

Gazette des Tribunaux.

Lois nouvelles (1907 et 1908).

Journal Offfciel.

TABLE DES MATIÈRES

Pages

INTRODUCTION... I

PREMIÈRE PARTIE

Considérations générales

CHAPITRE PREMIER

LA FRAUDE. — SES EFFETS ÉCONOMIQUES ET SOCIAUX

SECTION I. — La fraude et son développement.......... 1

SECTION II. — Effets économiques et sociaux........... 8

§ I. — Préjudice au producteur et au consommateur 8

§ II. — Préjudice aux intérêts généraux du pays. 13

SECTION III. — Nécessité d'enrayer la fraude............ 17

CHAPITRE II

ÉVOLUTION HISTORIQUE DE LA LÉGISLATION SUR

LES FRAUDES   20

CHAPITRE III

ÉCONOMIE DE LA LOI DU 1er AOUT 1905. — INSUFFISANCE DES
LOIS ANTÉRIEURES. — NÉCESSITÉ D'UNE LOI ÉDICTANT
DES PRINCIPES GÉNÉRAUX. -- IMPOSSIBILITÉ DE PRÉVOIR TOUTES
LES FRAUDES EN UNE SEULE LOI. — LES RÈGLEMENTS
D'ADMINISTRATION PUBLIQUE   27

DEUXIÈME PARTIE

Étude de la loi du 1er août 1905

CHAPITRE I

LA TROMPERIE

SECTION I.   — Le délit de tromperie.................   35
   § I.   — Eléments essentiels du délit.............   35
   § II. — Contrats occasionnels du délit de trompe-
            rie et choses auxquelles il s'applique...   41

SECTION II. — Différentes espèces de tromperie.........   43
   § I.   — Tromperie sur la nature   43
   § II. — Tromperie sur les qualités substantielles,
            la composition, la teneur en principes
            utiles................................   46
   § III. — Tromperie sur l'origine et l'espèce.......   49
   § IV. — Tromperie sur la quantité et l'identité....   55

SECTION III. — Circonstances aggravantes   58
   § I.   — Usage d'instruments faux ou inexacts....   59
   § II. — Procédés tendant à fausser les opérations.   60
   § III. — Indications frauduleuses...............   63

SECTION IV. — De la tentative de tromperie............   67

SECTION V. — Personnes punissables   71

CHAPITRE II

DE LA FALSIFICATION

SECTION I. — Eléments essentiels du délit de falsifica-
tion 75
§ I. — Altération 77
§ II. — Intention frauduleuse................. 79
§ III. — Préjudice 83
SECTION II. — Différentes espèces de falsification 84
§ I. — Falsification par mélange ou par extrac-
tion 84
§ II. — Falsification par modification de l'aspect
extérieur.......................... 93
§ III. — Falsification par substitution.......... 95
SECTION III. — Tromperie et falsification.............. 97
SECTION IV. — Exposition, mise en vente, vente........ 98
§ I. — Faits visés par la loi 98
§ II. — Marchandises auxquelles s'appliquent ces
dispositions....................... 101
§ III. — Intention frauduleuse 111
SECTION V. — De la corruption..................... 113
SECTION VI. — Produits propres à effectuer la falsifica-
tion 117
§ I. — Mise en vente, vente 117
§ II. — Provocation à l'emploi............... 122
SECTION VII. — Circostances aggravantes 124
SECTION VIII.— De la connaissance par l'acquéreur du
vice du produit.................... 128
SECTION IX. — De la tentative de falsification........... 131

CHAPITRE III

DE LA DÉTENTION 132

SECTION I.   — Locaux où la détention est illicite....... 133

SECTION II.   — Choses dont la détention est illicite..... 134

SECTION III.   — Motifs légitimes 136

SECTION IV.   -- Circonstances aggravantes............. 139

CHAPITRE IV

PEINES -- SURSIS -- RÉCIDIVE

SECTION I.   — Pénalités 140
    § I.   — Emprisonnement et amende 143
    § II.   — Confiscation........................... 145
SECTION II.   — Circonstances atténuantes, sursis 150

SECTION III.   — Récidive........................... 151

SECTION IV.   — Sanction des règlements d'administration
                   publique........................... 156

CHAPITRE V

DE LA PUBLICITÉ DES JUGEMENTS   158

SECTION I.   — De l'affichage........................ 159
    § I   — Réglementation de l'affichage........... 160
    § II.   — Personnes visées par l'article 7 161
    § III.   — Protection de l'affichage.............. 164
SECTION II.   — Insertion dans les journaux 166

CHAPITRE VI

DES POURSUITES

SECTION I.   — Qui peut intenter des poursuites....... 168

SECTION II.   — Compétence........................... 173

SECTION III.   — Production des documents 176

SECTION IV. — Continuité des poursuites.............. 177
SECTION V. — Expertises. Frais. Avantages aux communes............................. 179

APPENDICE

ABROGATIONS PRÉVUES PAR LA LOI DU 1er AOUT 1905   181

TROISIÈME PARTIE

Procédure pour l'application de la loi du 1er août 1905

CHAPITRE I

ORGANISATION ET FONCTIONNEMENT DU SERVICE
DES PRÉLÈVEMENTS   183

SECTION I. — Rôle de l'Etat, des départements et des communes 184
SECTION II. — Personnel chargé des prélèvements..... 185
SECTION III. — Lieux où peuvent être opérés les prélèvements 189
SECTION IV. — Nombre d'échantillons à prélever...... 190
SECTION V. — Constatation des infractions........... 194
§ I. — Procès-verbaux....................... 194
§ II. — Mesures prescrites pour assurer l'identité des échantillons prélevés 197
§ III. — Transmission des échantillons au service administratif 199

268 TABLE DES MATIÈRES

CHAPITRE II

FONCTIONNEMENT DES LABORATOIRES

SECTION I.   — Des laboratoires d'analyse 201
SECTION II.   — Des analyses 203
SECTION III.   — Résultat des analyses 205

CHAPITRE III

FONCTIONNEMENT DE L'EXPERTISE CONTRADICTOIRE

SECTION I.   — Formalités de l'expertise contradictoire.. 208
§ I.   — Préliminaires....................... 208
§ II.   — Experts et expertises 209
§ III.   — Contre-expertise 212
§ IV.   — Frais d'expertise. — Régie 212
SECTION II.   — Caractère de l'expertise contradictoire... 213

RÉGIME DE L'ALGÉRIE   216

QUATRIÈME PARTIE

Règlementation spéciale

CHAPITRE I

LOIS SPÉCIALES SUR LES FRAUDES

ANTÉRIEURES A LA LOI DU 1er AOUT 1905   217

SECTION I.   — Loi du 28 juillet 1824. Fraudes par noms
supposés ou altérés 218

SECTION II. — Loi du 4 février 1888. Répression des fraudes dans le commerce des engrais. 219

SECTION III. — Loi du 5 août 1895. Fraudes dans la veute des sérums thérapeuthiques 221

SECTION IV. — Lois du 16 avril 1897 et du 25 février 1907. Fraudes dans le commerce des beurres et de la margarine.......... 222

SECTION V. — Loi du 11 juillet 1906. Fraudes dans la vente de certaines conserves 223

CHAPITRE II

RÉPRESSION DES FRAUDES ET FALSIFICATIONS DES VINS

(Décret du 7 septembre 1907). 225

SECTION I. — Des vins ordinaires 226

SECTION II. — Des vins mousseux 231

SECTION III. — Des eaux-de-vie et spiritueux 232

SECTION IV. — Dispositions générales applicables aux vins, eaux-de-vie et spiritueux 236

CHAPITRE III

RÉPRESSION DES FRAUDES ET FALSIFICATIONS DES GRAISSES

ET HUILES COMESTIBLES (décret du 11 mars 1908).

SECTION I. — Des graisses et saindoux 239

SECTION II. — Des huiles comestibles 242

§ I. — Huiles pures 242

§ II. — Huiles mélangées...................... 243

§ III — Origine et provenance des huiles....... 246

§ IV. — Tromperie sur la quantité 251

§ V. — Dispositions transitoires.............. 255

CONCLUSION....................................... 256

BIBLIOGRAPHIE.................................... 259